Robert Regner: "Ein anderes Glück"

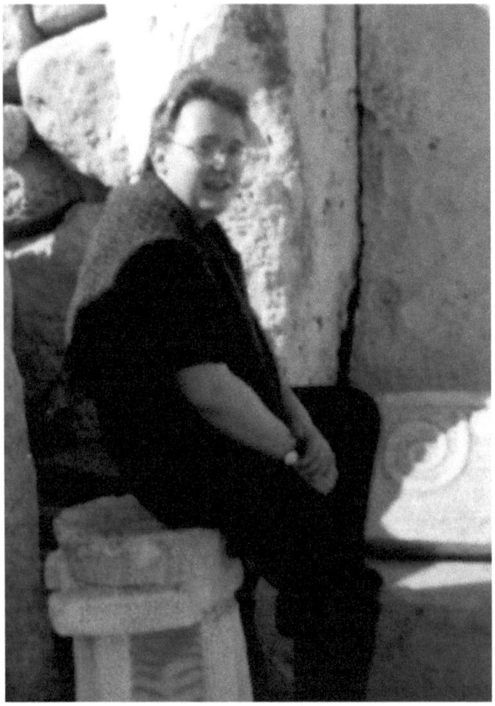

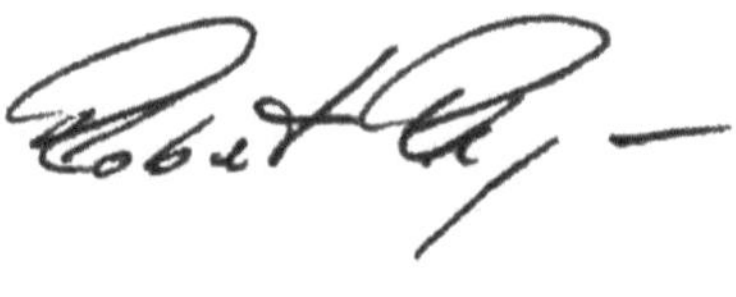

"Ein anderes Glück"

Gedichte, Cartoons & Miniaturen

von

Robert Regner

IMPRESSUM

Quelle zu Zitat in „Überfahrt": Enya „Orinoco Flow", 1988
Foto: Dr. Leonore Regner
Gestaltung: Antje Dittrich
Herstellung und Verlag: Books on Demand GmbH, Norderstedt
Printed in Germany
Auflage: 100 Exemplare
1. Auflage 2004
posthume Veröffentlichung
© Dr. Leonore Regner, Antje Dittrich, Halle (Saale) 2004
Alle Rechte vorbehalten
ISBN: 3-8334-2231-9

INHALT

GEDICHTE

CARTOONS 1991-1993

TEXTFRAGMENTE

CARTOONS 1996-1998

MINIATUREN

VORWORT

„Ein anderes Glück" – eine Sammlung von fröhlichen Cartoons und bisher unveröffent-
lichten ernsten lyrischen Texten von einem jungen Autor aus Halle an der Saale. Robert
Regner wurde hier 1969 geboren, er lebte und studierte und fabulierte hier. Er träumte
davon, abgesehen von der Eroberung der Weltherrschaft, einmal Zoodirektor zu werden, er
wollte einmal in seinem Leben auf dem Jakobsweg nach Santiago de Compostela pilgern
oder Museumsleiter im Inquisitorenpalast in Vittoriosa auf der Insel Malta sein, um diesen
aus seinem touristischen Dornröschenschlaf zu erwecken. Und er wollte den großen
Gesellschaftsroman des 20. Jahrhunderts schreiben. Im Sommer 2002 ist Robert Regner
nach einer schweren Krankheit verstorben.

      Kann man überhaupt von Glück reden, wenn einer zu früh aus dem Leben gerissen
wird und seine Träume nicht mehr verwirklichen kann? Robert lebte für die Kunst und
Literatur, er zeichnete gern von unzähligen Details gefüllte „Wimmelbilder" und bissige
Cartoons und er versuchte sich in der erzählenden und lyrischen Kunst. Während die
Cartoons Roberts Humor zeigen, der ihn durchs Leben trug und uns während seiner
Krankheit aufmuntern konnte, sprechen die sensiblen Gedichte, die kurzen Prosatexte und
Textfragmente von seinen innersten Gefühlen, Gedanken, Ängsten und Träumen. Roberts
letzten Wunsch, seine Träume aufzuschreiben, können wir mit der vorliegenden Zusammen-
stellung vielleicht ein Stückchen erfüllen. Vielleicht finden sich Roberts Träume hier wieder.
Vielleicht ist es eine andere Art von Glück.

An dieser Stelle möchte ich allen danken, die mir bei der Erstellung des Buches, der Auswahl
der verwendeten Texte und Cartoons und allen organisatorischen Dingen sowie der
Finanzierung des gesamten Projektes geholfen haben. Mein besonderer Dank gilt Robert
selbst, der uns mit seinen im Stillen festgehaltenen Gedanken und den Cartoons ein wenig
Trost spenden kann, und vielleicht Hoffnung – „ein anderes Glück"? .

Halle (Saale), Juli 2004, Antje Dittrich

Ich liebe Bücher,... | denn beim Lesen kann man alles um sich herum total vergessen und außerdem ... | bieten Bücher eine prima Möglichkeit, die Aufmerksamkeit meiner Lieblingsbibliothekarin zu erringen !!

Er nun wieder!

AUSLEIHE

GEDICHTE

TANZ DER LUSTIGEN EICHHöRNCHEN UM IHREN IN EINEM KESSEL MIT BRODELNDER FLüSSIGKEIT SITZENDEN PSYCHOANALYTIKER

das symbol steht da und schaut,
woran es wohl in dieser welt
an auszudrückendem noch fehlt
und stößt so auf solch begriffe,
deren schicksalshafte tiefe
bisher niemand hat getraut,
jemals in'nem bild zu fassen,
wie zum beispiel trauminsassen,
welche, das weiß jedes kind,
schuld an all dem übel sind,
welches sich im dunklen kraut
deiner träume jäh enthüllt,
danach deine tage füllt
bis du einst zur rechten stunde
dich erschießt in großer runde,
die dem analytiker vertraut,
der in den psychosen wühlte,
lustvoll jede angst befühlte,
all der putz'gen irren hier,
die bei aller kulturellen zier
doch schon lange wahnsinns braut
und beute sind geworden
jene wildgewordnen horden
welche um's zum end' zu bringen
hier nun tanzen, lieder singen
vom symbol, das steht und schaut.   *[1995]*

11

NACHTAUGEN

schattenumlagert
geliebt
hinter den rauchschlieren einer zigarette
aufgewirbelt
vom knirschenden kreisen der ventilatoren
irgendwo dort über uns
verbergen sich
im eignen blauen blick
der ruht auf den bunten wüsten
der tristesse
hinter den schimmernden zähnen der anderen
und die macht hat
stürme zu beschwören
und die glänzenden gärten der nichtigkeiten zu
entlauben
und lachend über jedes fallende goldne blatt
sich zu retten aus dem meer
des müden nichts
und der ewigen worte
das sie umhüllt
und wärmt und schützt
vor den anderen geschöpfen
der trostlosigkeit
fliehend vor ihren eigenen worten
die mit rotglühendem atem
die erde zerwühlen auf der suche
nach den wesen mit dem sanften flügelschlag
und nachtaugen
schattenumlagerten
geliebten

ohne träne für den narren
der röchelnd in der dornenhecke
der eigenen befindlichkeit gefangen
weise lächelnd hilflos sätze stammelt
nur versuchend
die eigene dunkelheit einzutauschen
gegen einen leuchtenden tod
in den strahlenkränzen der augensterne
im dunst der mißverstandnen traurigkeit
aufblitzend wie ein leuchtfeuer
aus dem nebel der belanglosigkeit
dem gewirr der stimmen im äther
den blinden sänger führend
hin zu den hinter der stirn
verborgenen landschaften im silberglanz
des sichelmondes
und dem sanften perlen
des taus auf blutrotem gras
der getrunken vergessen läßt
aller lieder worte
geflossen aus schwarzbefleckten federn
lustvoll zitternd erdacht
im drahtverhau der gedanken
hoffend auf
nachtaugen
geliebte
schattenumrandete.

[1995]

13

NOSTALGISCHER
RüCKBLICK
ODER ABER AUCH
ABGESANG

vor jahren
saßen wir auf dem pflaster
an einem tag im mai
und die sonne strahlte an einem
blauen postkartenhimmel

vor jahren
saßen wir zusammen
und redeten
über revolutionen
und kerzen glommen irgendwo auf der straße

vor jahren
saßen wir um einen tisch
und das holz war rissig
und andere kerzen warfen flackerndes licht
auf rotwein und selbstverfasste pamphlete

vor jahren
wußten wir Bescheid
über uns und die welt
und lachten
über die zukunft

und heute bin ich in der werbung
und heute kaufe ich ein neues auto
und heute bin ich bankkaufmann
und heute trinke ich bier beim fernsehen am vormittag
und heute muß ich wieder zur therapie
und heute verstehe ich etwas von computern
und heute muß ich wieder aufs amt
und heute habe ich wieder kaum geschlafen
und heute muß ich das mit der versicherung noch klären
und heute träume ich vom alleinsein irgendwo in der fremde.

LäCHELN

lächeln
ist die einzige Möglichkeit
dir beizukommen

nicht das man einen Sieg erringen würde
du schaust weiterhin in funkelnde Fernen
bietest dich den anderen dar
so leicht zu nehmen
und weinst dann die Enttäuschung an meiner Schulter aus

oder schweigst
und rammst dir kaltes Metall in die Venen,
vergißt, suchst, haßt dich selbst
und dann haßt du mich
weil ich der einzige bin, der noch da ist
und der dich dummerweise noch mag

manchmal ist
lächeln
die einzige art
dir beizukommen

wenn wir uns leid tun
wenn wir uns hassen
aus weiter Ferne uns erstaunt betrachten
und fassungslos stumm werden
wir schauen uns um
und suchen ein anderes Glück

dann kennen wir uns nicht mehr
vergraben uns in anderen Leibern, anderen Seelen
ahnen fürchtend, daß am Ende wir
wieder uns finden
ewig unglückliche Kinder
ein Lächeln suchend

weil lächeln
die einzige Art ist
uns beizukommen.

[1997]

15

DIE BLUME

Einst fand ich eine Blume am Morgen
im kühlen Wind
blühte sie leuchtend
in Purpur und in Himmelsblau
und wärmte mich
und sandte Strahlen, froh zu machen
und täglich ging ich hin, um sie zu sehen.

Und als die frostigen Tage kamen
da war sie welk
und am Verlöschen.
Ich legte meine Hände um sie
und hauchte ihr
mit meinem Atem Leben ein.
Und weinte sehr um sie.

Als dann der Morgen aufzog, da war in ihr
ein neues, unscheinbares Glimmen.
und in mir nun die neue Angst,
daß sie den nächsten Frost nicht wollte überleben.
und auch die anderen Gefahren
den Wachs' des Unkrauts und der Tiere Fraß
sah ich nun neu.

Ich beschloß sie nun zu schützen
es war das neue Lebensziel.
Einen Glassturz stülpte ich ihr über
und rodete den Berg
frei von allem nutzlosen Gestrüpp
und vertrieb ein jegliches Getier
aus ihrer Nähe.

Jedoch ein Glas kann springen
und so begann ich mit dem Bauen
eines Hauses um sie herum.
Mit festen, meterdicken Mauern
von keinem Sturme umzublasen
und viel zu hoch, um zu erklimmen
die winz'gen Fenster.

Und so entstand ein Labyrinth
aus Mauern, Gräben, Türmen, Gattern
Um allem Bösen den Zutritt zu verwehren
zog ich darum noch Stacheldraht
und verminte gar die Brücken.
Und so stand irgendwann im Morgengrauen
die Zitadelle.

Von mir gebaut und gänzlich uneinnehmbar
Und tief in der geheimen Kammer
blüht wieder meine Blume und sendet
warme Strahlen aus, die manchmal auch
die meterdicken Wände fast durchdringen
glühende und geheime Zeichen hinterlassend
an der Reste Mauern.

Manchmal locken diese auch die Menschen an
zu sehen was sich wohl verbirgt
in meinen festen Kammern.
Froh bin ich dann und möchte jedem zeigen
den Schatz, den ich behüten soll.
Und will sie führen bis zu jener Kammer,
wo mein Geheimnis liegt.

Jedoch schon an der nächsten Biegung
irgendeines Ganges, wenn jenes Leuchten fast erlischt,
vergessen sie, warum sie hergekommen
und schaun mich nur verwundert an.
Und drehn sich um, und gehen fort.
Und ich versuche nicht, sie aufzuhalten.
Weil ich nicht weiß, warum.

VERLOREN

weißt du meinen namen
du hast ihn schon gehört
gehängt an andre menschen
benennt er mehr als mich

weißt du was ich fühle
weil ich's nicht sagen kann
denn all die liebesschwüre
der andren hallen laut

weißt du was ich denke
ist alles nur zitiert
aus tausenden von büchern
bedeckt mit trocknem staub

weißt du warum ich lüge
will nicht gemeinsam sein
im ozean der stimmen
hört man mich vielleicht nicht

denn nichts ist hier mehr wahr
denn alles ist gesagt
vieltausendmal

weißt du worauf ich hoffe
daß trotz der millionenfachen
farben stimmen worte
du manchmal mich noch suchst

ÜBERFAHRT

"from the deep sea of clouds
to the island of the moon"

fliehen
fliegen
fliegend fliehen
Flucht & Flug
Flucht & Fluch

gehetzt und angekommen
in der Sternennacht
am Ufer am Meer
wo das dunkle Wasser die Steine betastet
schäumend sich enttäuscht
in sich zurückzieht
wieder und wieder
mit endlosem Rauschen lockend

und auf den Wellenhügeln
spiegelt sich der silbergoldne Mond
und aus den hellerschien'nen Wolkenbergen
schwebt in gleißendkaltem Licht
ein Boot aus feingesponn'nem Silber
unendlich leicht
und sanft
senkt sich's herab zum Ufer

nur Mut!
kein Zweifel mehr und kein Zurück
raunt das funkelnde Deck
die glitzernden Sterne lachen
und auf den Wassern
umschlingt dich der Schlaf
und schließt dir die Augen
und gibt dir ein Lächeln

ABENDS

Und als die Sonne erloschen war
und der Sommer des Tages aus den Straßen heraufstieg
in das Blaugrau
des Abends
sang über der Stadt ein Engel
mit hohem Klang
sang er über den erleuchteten Fenstern
über dem Summen der Schnellstraßen
über dem Flackern eines Straßenlichts
sang hoch oben schwebend
rein und weiß
und das Schlagen seiner Flügel
ging wie ein kühler Hauch
durch die Wärme
der müden Stadt

und über der Stadt sang ein Engel
hoch und rein
in die geöffneten Fenster der Menschen
bis der erste Stern
neu und hell erstrahlte

CARTOONS
1991-1993

Hamm'se das och jehört von'm
Ohzohnloch ?!

Erscht waas so scheen zuh... °

U'nuhh isses offen...

"Ohzohnloch"

25

Partnervermittlung

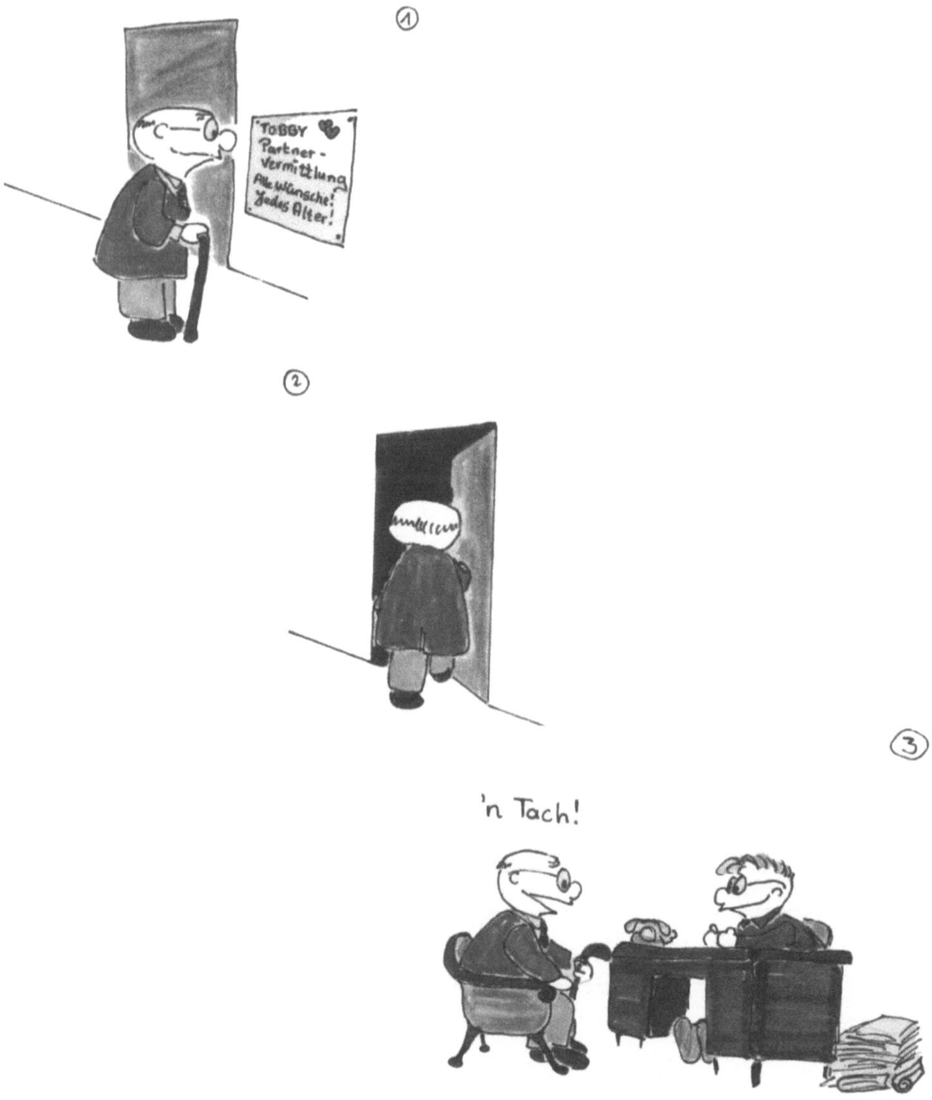
1
TOBBY
Partner-
vermittlung
Alle Wünsche!
Jedes Alter!
2
3
'n Tach!

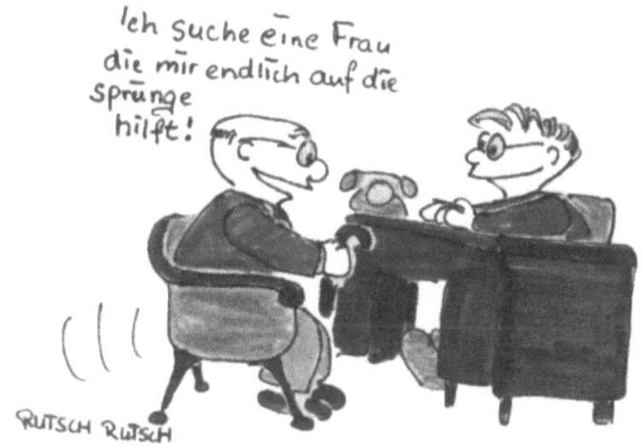
4
Ich suche eine Frau die mir endlich auf die Sprünge hilft!
RUTSCH RUTSCH

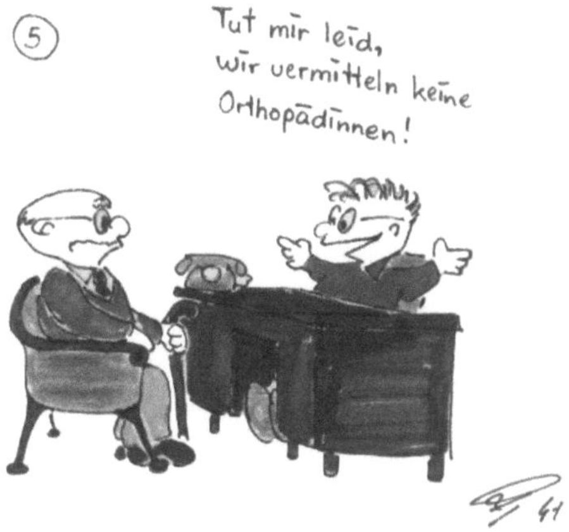
5
Tut mir leid, wir vermitteln keine Orthopädinnen!

Sternschnuppe

1
Ist es hier nicht romantisch?!

2
Schau, eine Sternschnuppe, wünsch Dir was!

3
Schmacht! Schmacht!
Na gut!

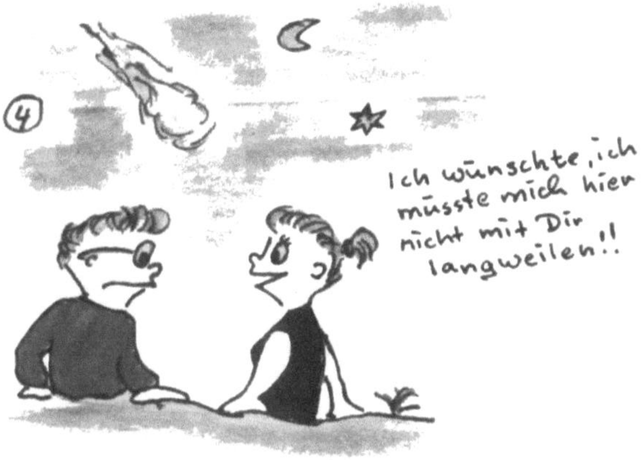
4
Ich wünschte, ich müsste mich hier nicht mit Dir langweilen!!

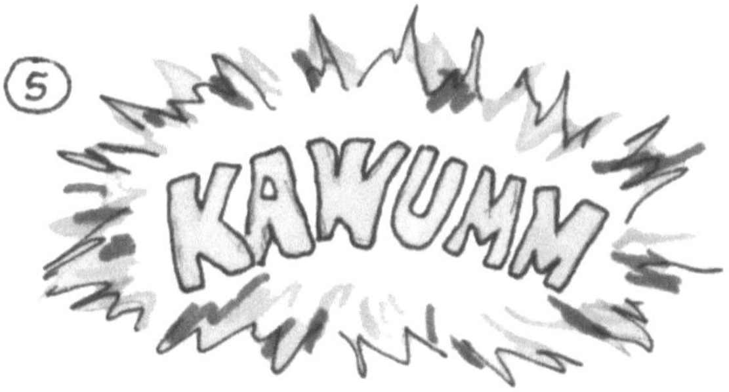
5
KAWUMM

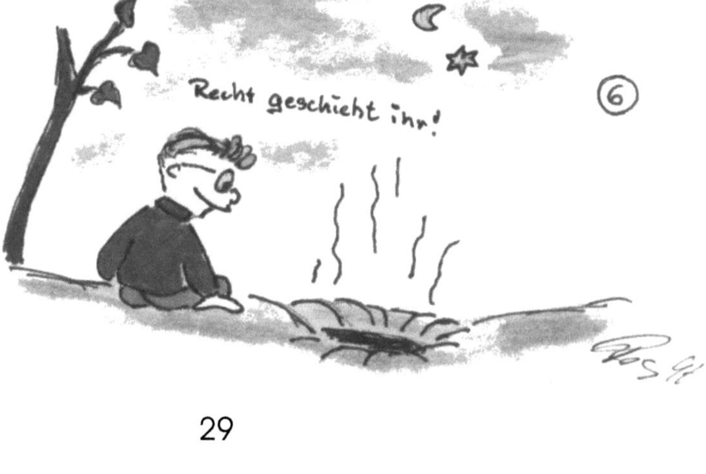
6
Recht geschieht ihr!

Im Café

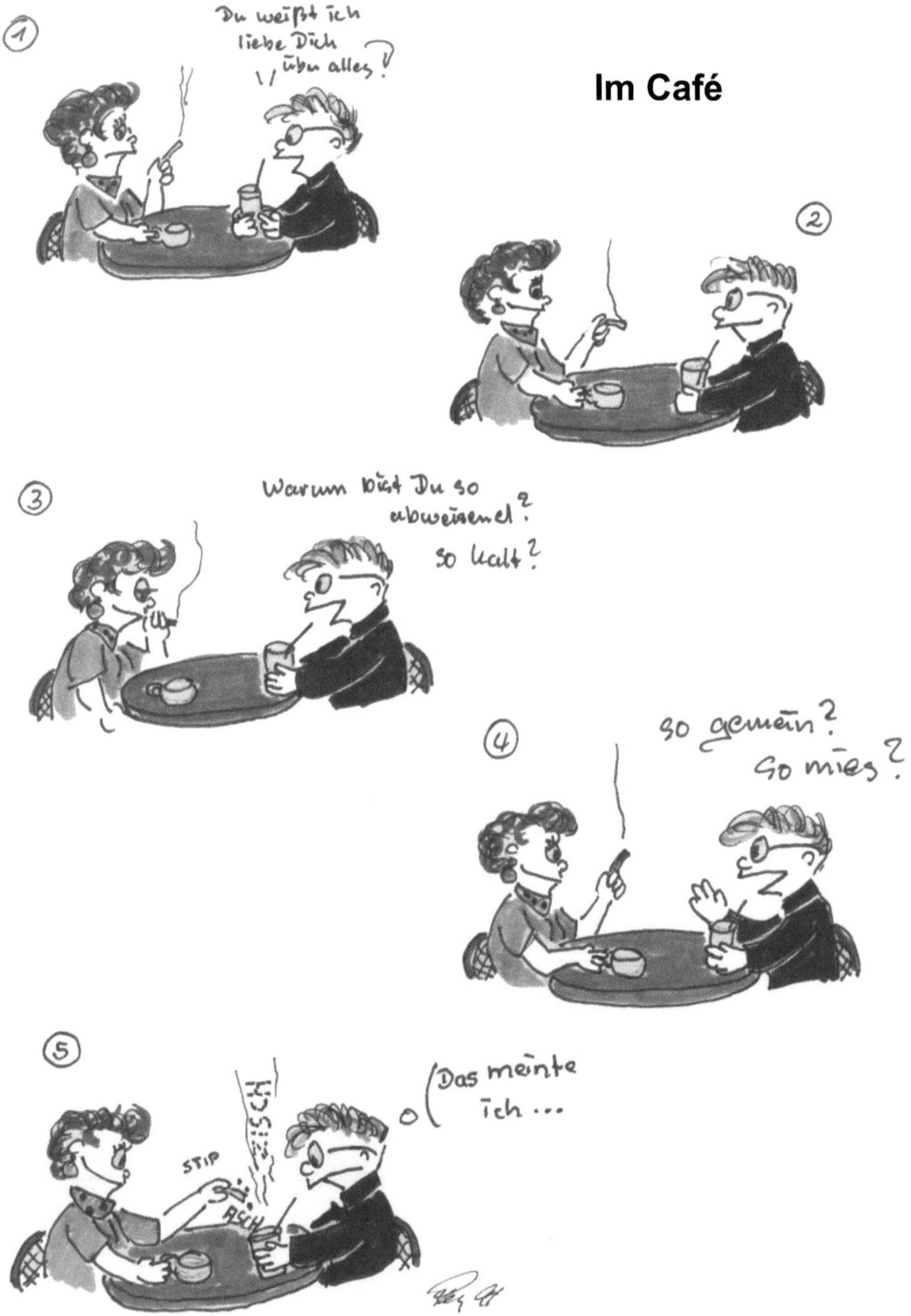
1
Du weißt ich liebe Dich übu alles?
2
3
Warum bist Du so abweisend?
so kalt?
4
so gemein?
So mies?
5
STIP
ZISCH
ASCH
Das meinte ich ...

An der Bar

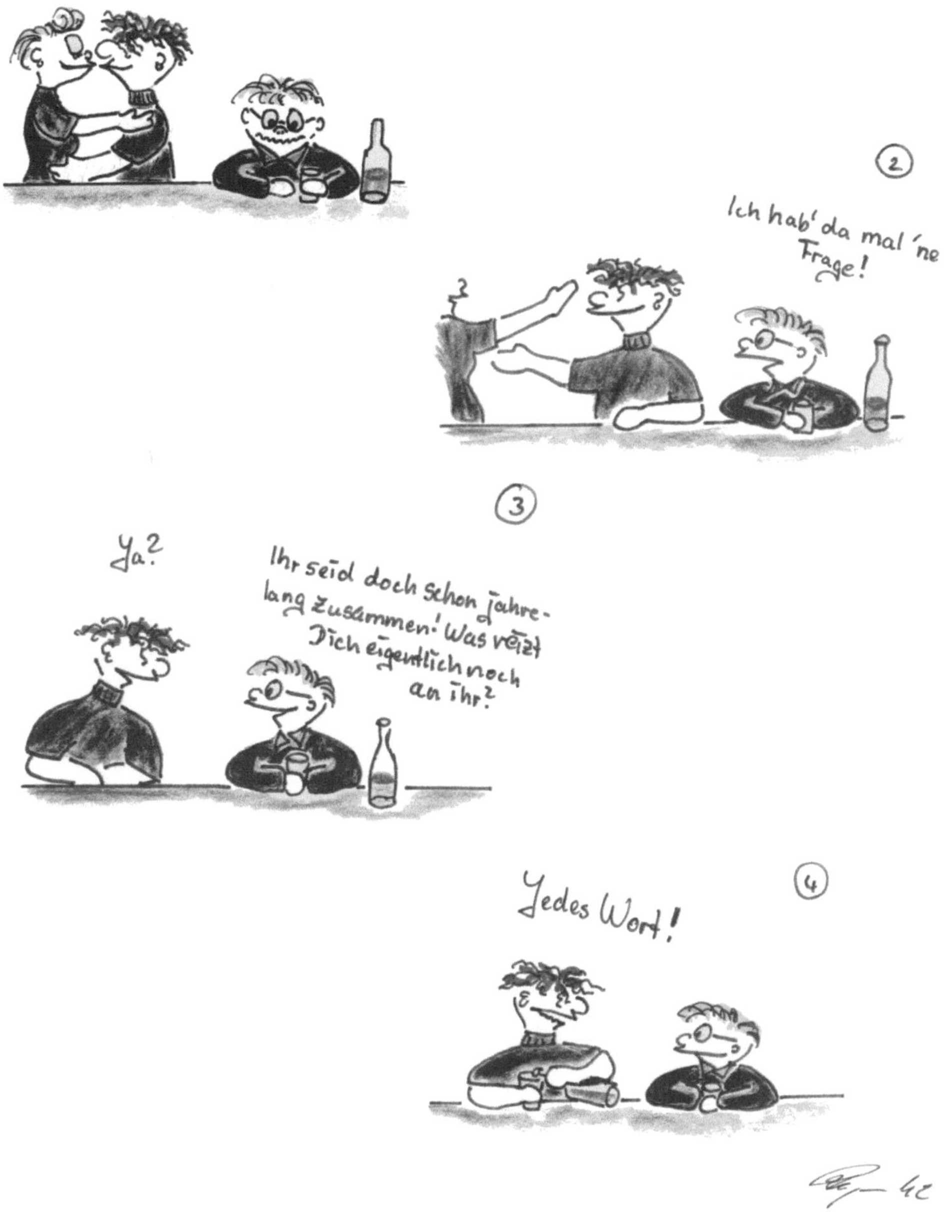

Ich hab' da mal 'ne Frage!
Ja?
Ihr seid doch schon jahrelang zusammen! Was reizt Dich eigentlich noch an ihr?
Jedes Wort!

Beim Psychiater

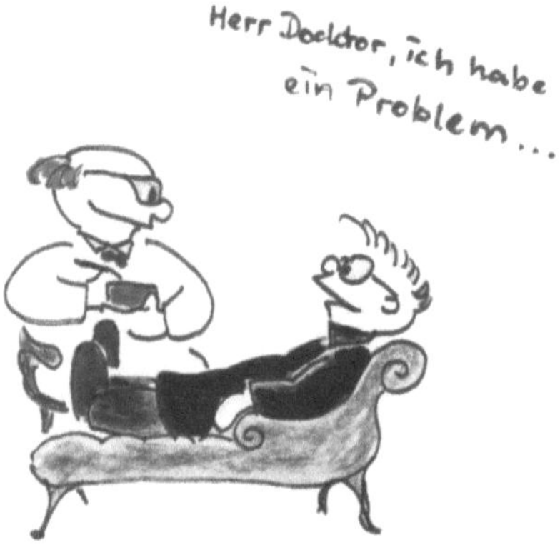
Herr Docktor, ich habe ein Problem...

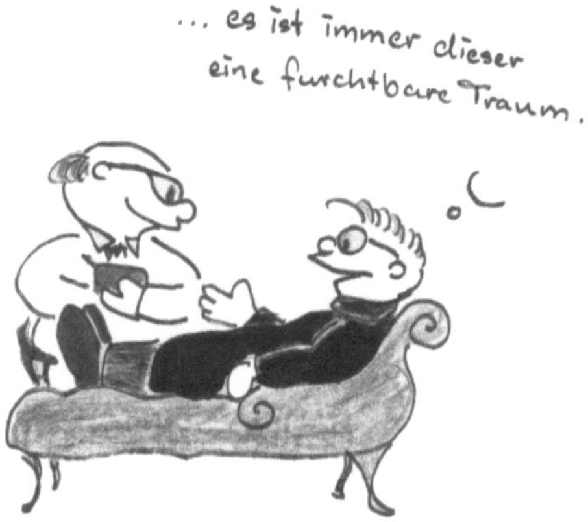
... es ist immer dieser eine furchtbare Traum.

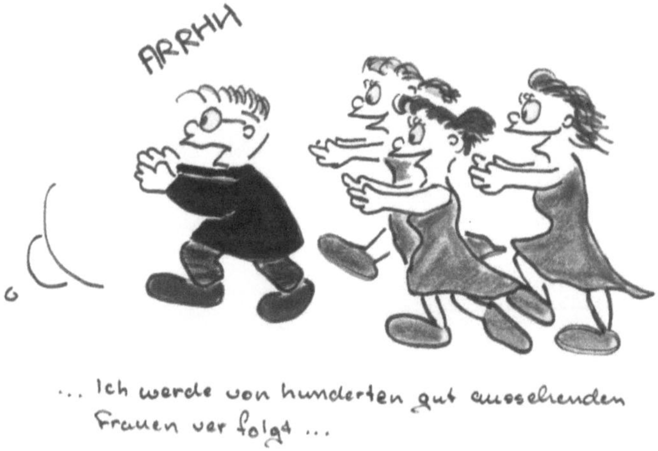
ARRHH
... Ich werde von hunderten gut aussehenden Frauen ver folgt ...

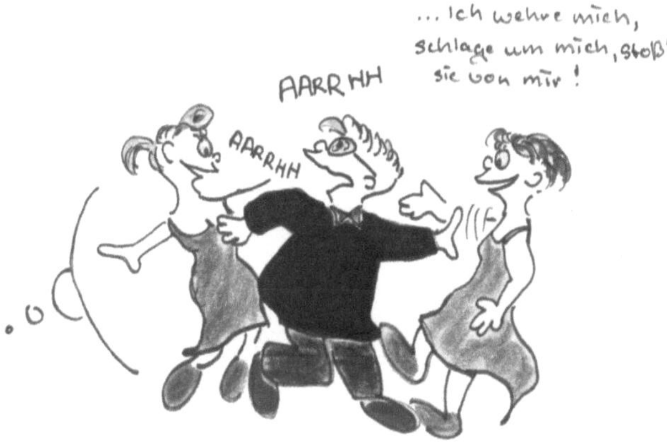
... Ich wehre mich,
schlage um mich, stoß'
sie von mir !
AARRHH
AARRHH

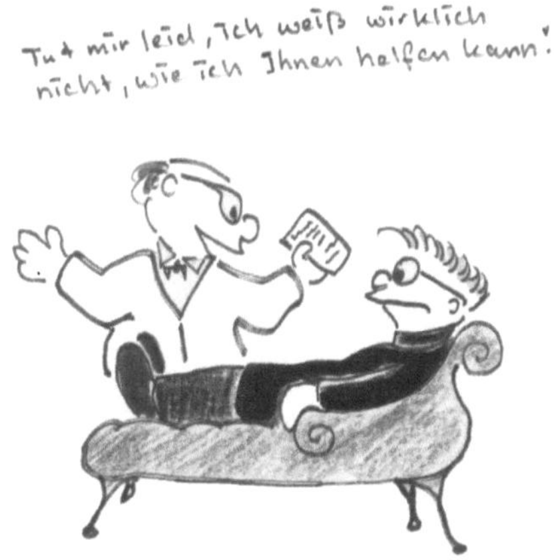
Tut mir leid, Ich weiß wirklich
nicht, wie ich Ihnen helfen kann!

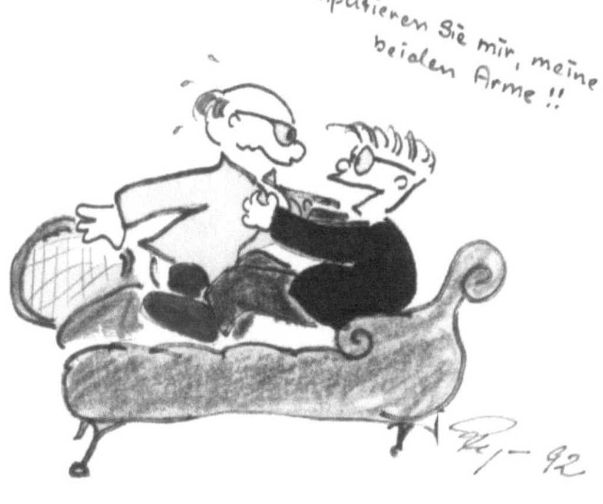
Amputieren Sie mir, meine
beiden Arme !!

Verliebt

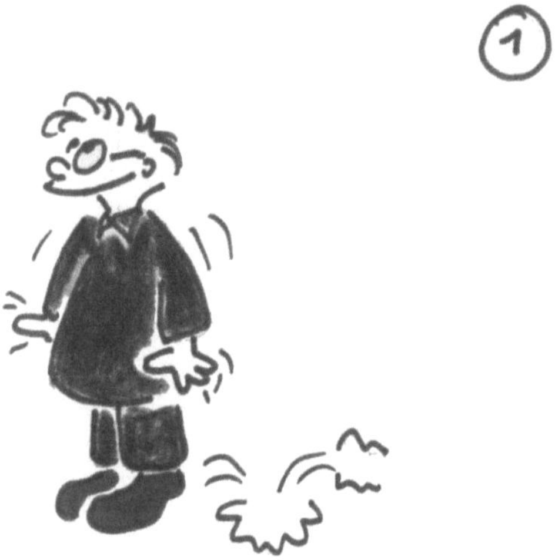

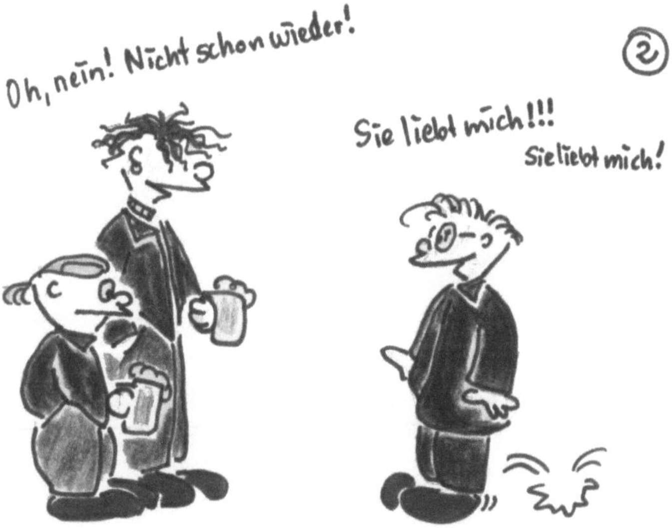
2
Oh, nein! Nicht schon wieder!
Sie liebt mich!!!
Sie liebt mich!

Sie begehrt mich!
Wir werden zusammen sein, ③
es pausenlos miteinander
treiben, Hunderte von Kindern
in die Welt   setzen...

Und warum bist Du Dir
diesmal so sicher? ④

Sie hat in meine
Richtung gelächelt.

Friedhof

1
ERWIN
2
Oh, eine neue Gießkanne?
Ja!
ERWIN
3
Lohnt sich das denn noch?!
ERWIN

④

Auf Wiedersehen, ich gehe
wieder nach Hause!

⑤

Lohnt sich das denn
überhaupt noch!

⑥

Taschengeld

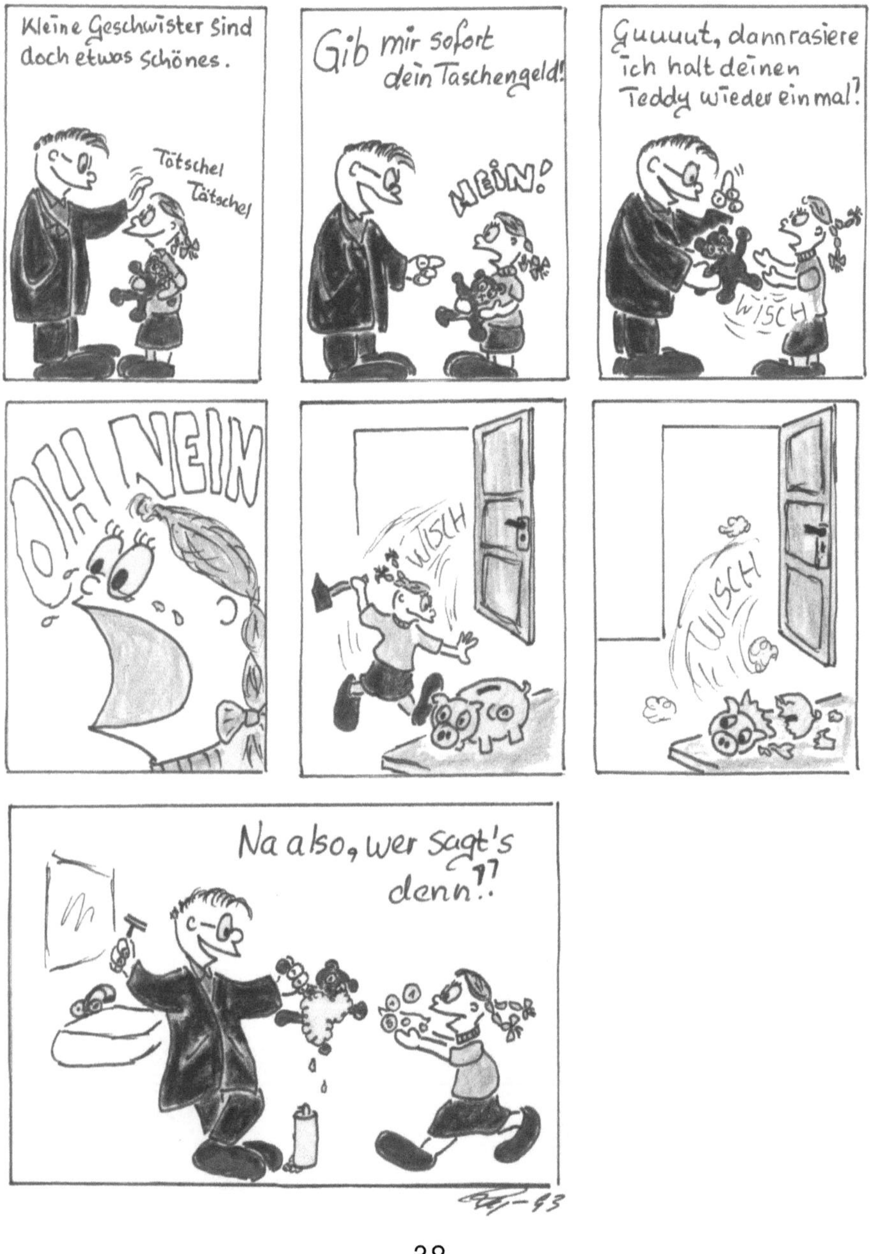
Kleine Geschwister sind doch etwas schönes.
Tätschel
Tätschel
Gib mir sofort dein Taschengeld!
NEIN!
Guuuut, dann rasiere ich halt deinen Teddy wieder einmal!
WISCH
OH NEIN
WISCH
WISCH
Na also, wer sagt's denn?!

Liebeskrank

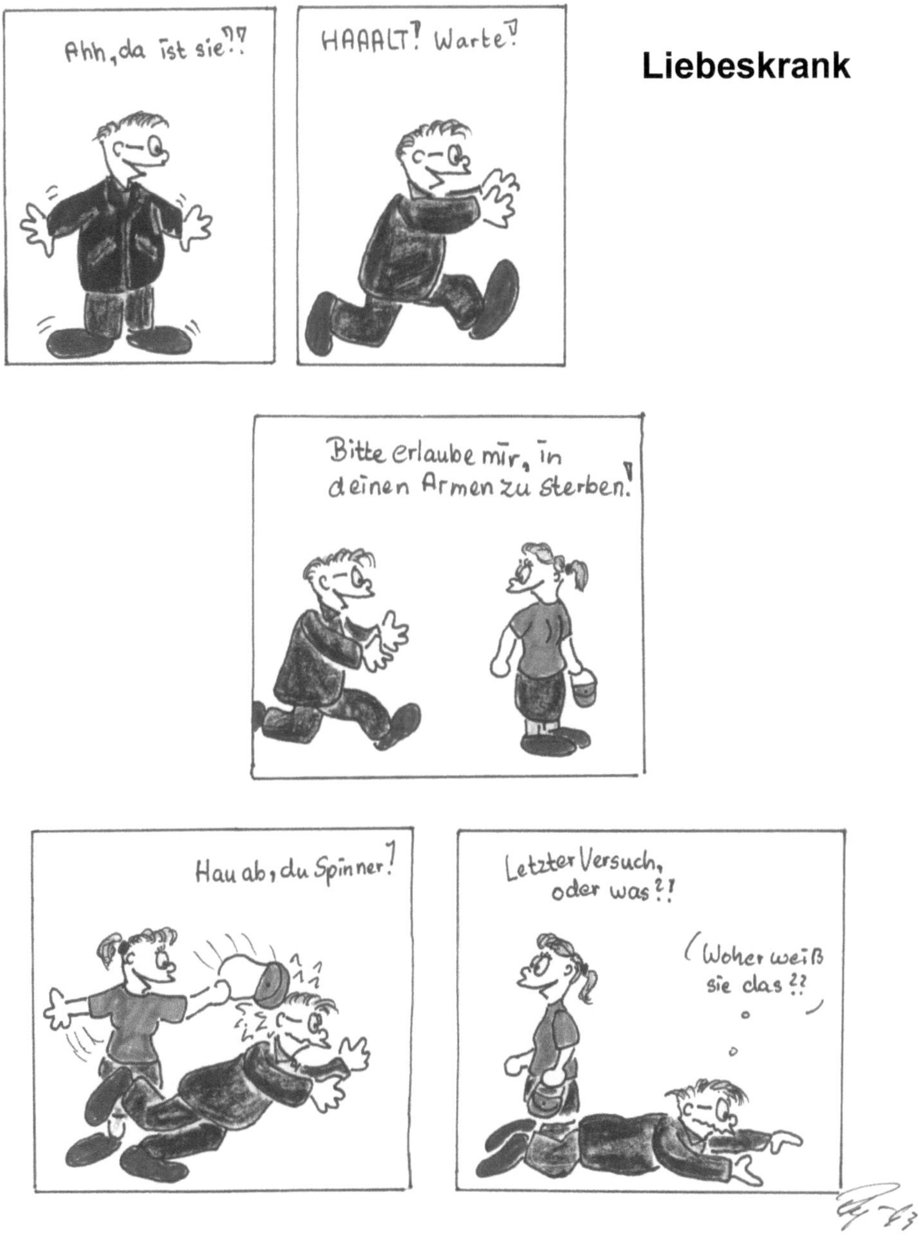
Ahh, da ist sie?!
HAAALT! Warte!
Bitte erlaube mir, in deinen Armen zu sterben!
Hau ab, du Spinner!
Letzter Versuch, oder was?!
(Woher weiß sie das??)

Schwer getroffen

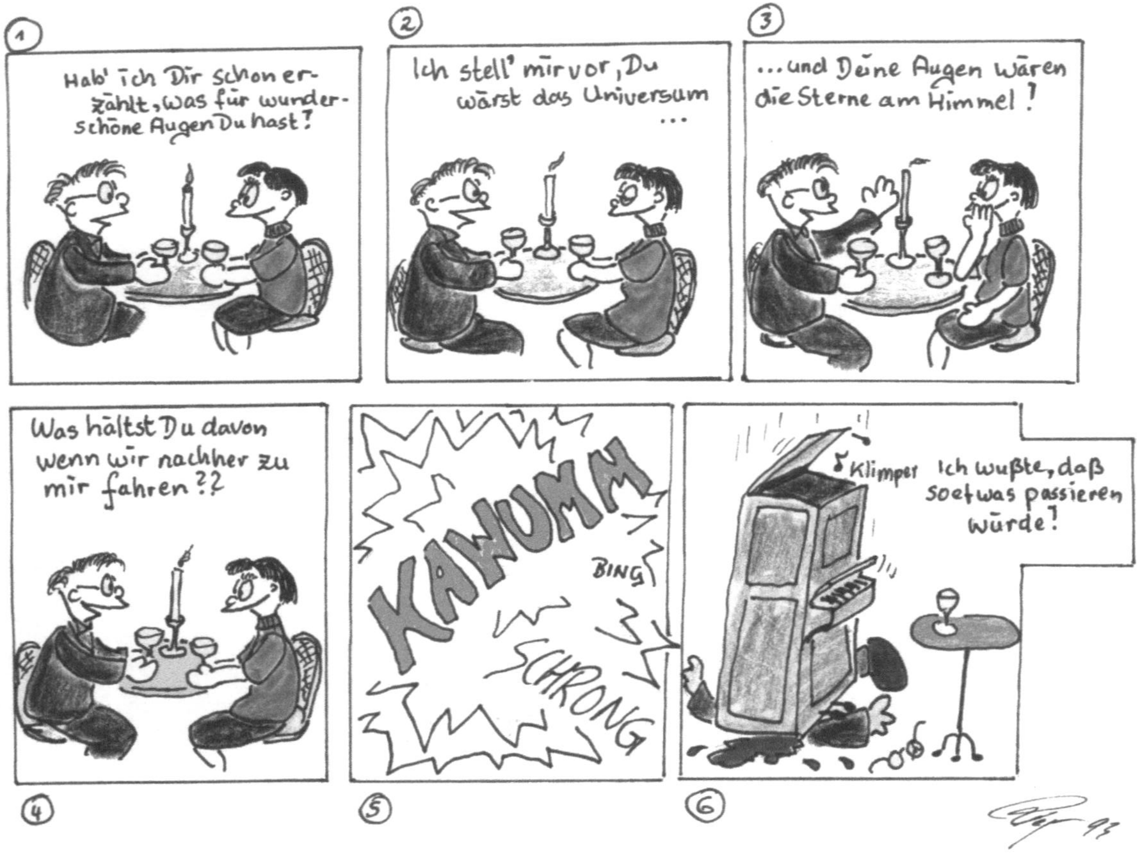
1
Hab' ich Dir schon erzählt, was für wunderschöne Augen Du hast?
2
Ich stell' mir vor, Du wärst das Universum ...
3
... und Deine Augen wären die Sterne am Himmel!
4
Was hältst Du davon wenn wir nachher zu mir fahren??
5
KAWUMM
BING
SCHRONG
6
Klimper
Ich wußte, daß soetwas passieren würde!

Sooo cool . . .

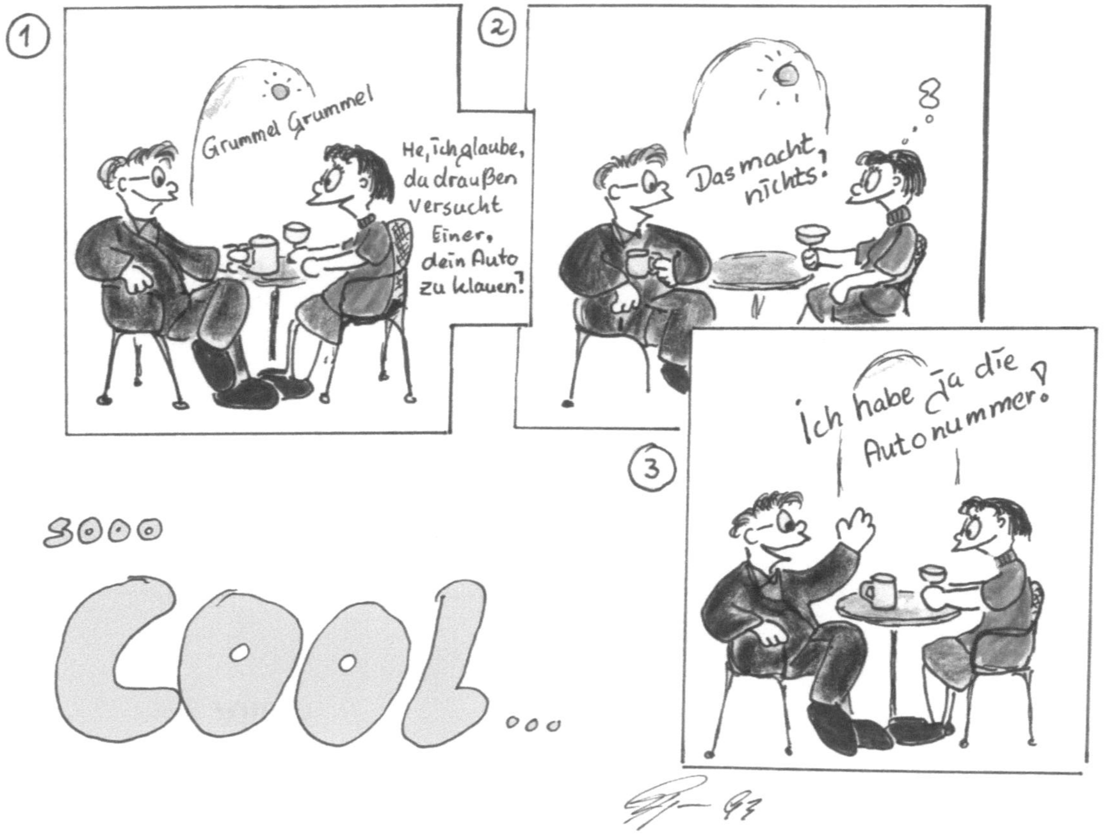

1
Grummel Grummel
He, ich glaube, da draußen versucht Einer, dein Auto zu klauen!
2
Das macht nichts!
8
3
Ich habe ja die Autonummer!
Sooo
COOL...

Allein

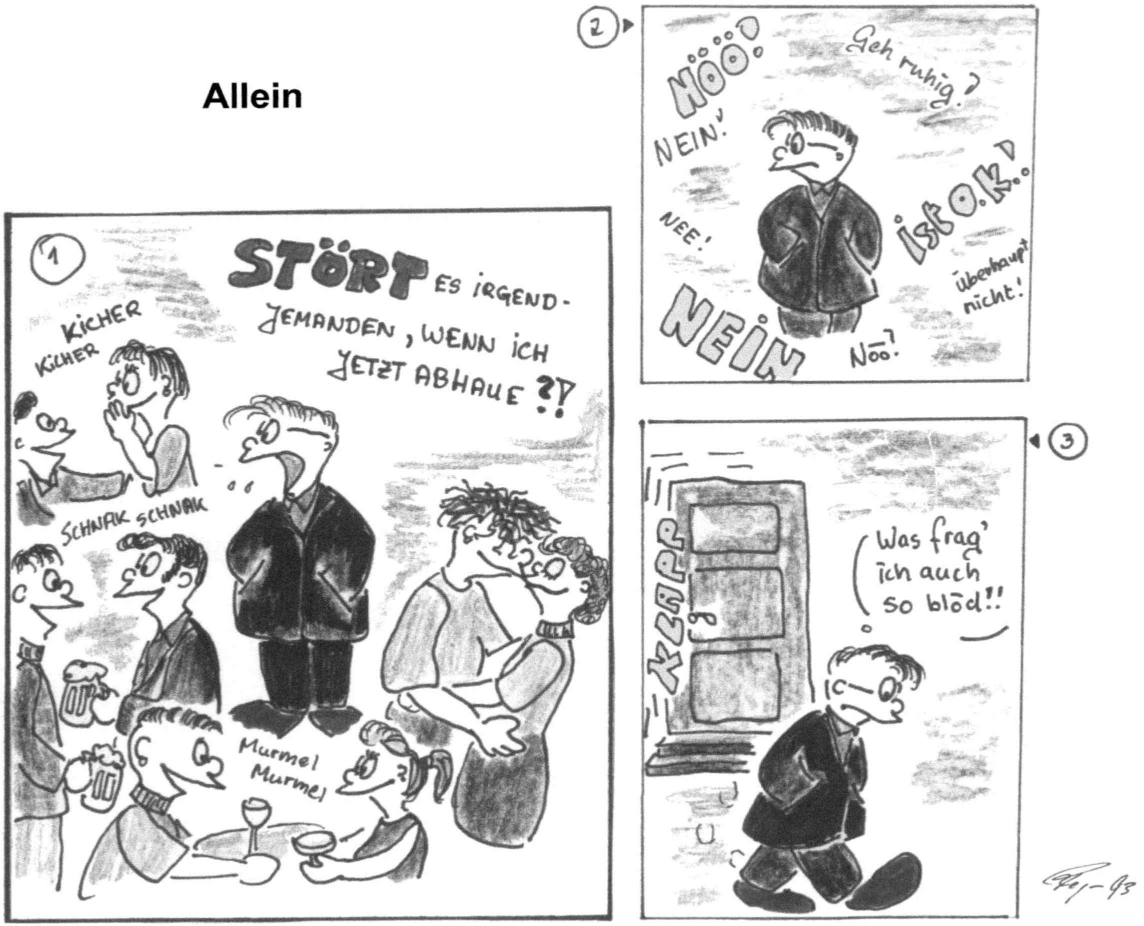
1
STÖRT ES IRGENDJEMANDEN, WENN ICH JETZT ABHAUE ?!
KICHER KICHER
SCHNAK SCHNAK
Murmel Murmel
2
NÖÖ
NEIN!
NEE!
NEIN
Geh ruhig?
ist O.K.
überhaupt nicht!
Nöö!
3
KLAPP
Was frag' ich auch so blöd!!

TEXTFRAGMENTE

DIE INFANTIN

Die Infantin stand in der Mitte des Kabinetts. Das einzige Fenster warf ein grelles Licht auf sie, auf ihre marmorne Haut, auf ihr goldenes Haar. Ihre Augen blickten regungslos in die weite Ferne irgendwo hinter dem Fenster. Durch die Finger mit den mandelförmigen Nägeln glitt ein purpurner Rosenkranz aus Korallen. Das Klingen der Kugeln war das einzige Geräusch in dem Raum. Das Reiben ihrer Finger an den polierten Korallenstücken die einzige Bewegung. Ansonsten stand die Infantin regungslos. In ihrem silbernen Kleid aus schwerem Stoff, gestützt von Reifen, die ihre eigentliche Schlankheit verbargen. Ihr Gesicht war ernst, beinahe würdig. Sie trug ihren Kopf hoch erhoben, den schlanken Hals eingerahmt vom bizarren Universum von Spitzen. Der Kragen öffnete sich zu einem spitzen Dekolleté, über dem ein durchsichtiger Seidenschleier ihre weißen Brüste bedeckte.

Vor der Infantin, auf dem von Sonnenlicht beschienenen Stück des weißen Marmorfußbodens lag ein kleines schwarzes Hündchen. Es japste, es litt unter der Mittagshitze – und warf treue Blicke hinauf zu seiner Herrin. Die Infantin blickte in die Ferne.

Dort draußen auf einem Hügel neben zwei malerischen Zypressen saß der Maler im Gras. Mit der einen Hand hielt er das Fernrohr, dessen Okular auf einem eigens angefertigten Stativ ruhte, an sein Auge. Mit der anderen zeichnete er immer wieder das Antlitz der Infantin auf die Blätter seines Skizzenblockes. Aber auf den hingehuschten Zeichnungen konnte man deutlich eine Schlange erkennen, die sich mit schuppigem Leib um ihren Hals wand.

Die Infantin lächelte und wandte sich von dem Fenster ab. Die Spiegel mit denen die Wände des Kabinetts verkleidet waren, warfen sich das Bild der nun ausschreitenden silbernen weißen Gestalt wieder und wieder zu. Eine Spiegeltür öffnete sich, zwei Lakaien dienerten, und die Infantin verließ mit rauschendem Gewand und dem ihr bellend nachfolgenden Hündchen den Raum. ...

DIE FESTUNG

Noch heute bestaunen alle die Festung. Die Busse fahren zu den Aussichtsplattformen an der Steilküste. Scharen buntgekleideter Menschen fotografieren sich gegenseitig vor der Kulisse – dunkelgraublau gischtende See und auf einer klippenumsäumten vorgelagerten Insel, die sich übereinandertürmenden, auseinander gegen den Himmel wachsenden Bastionen der Zitadelle. Die Sonne steht vom Land aus gesehen zumeist hinter ihr, sodaß sie dunkel, schwarz und einsam wirkt in der See, die sich an ihren Mauern bricht. Über ihr fliegen die Möwen, kreischen schrill, als wollten sie das dunkle Gebilde anfeuern, noch einmal seine kriegerische Kraft zu zeigen – oder sie verhöhnen es, wie ein verlorenes, lang vergessenes Untier, das den Sprung an die nahe Küste nicht mehr wagt.

Alle halten die Festung für ein großartiges Bauwerk. Die Reden gehen über ihre scheinbar dem Fels entspringenden, viele Meter hohen, aus unzähligen menschenhohen Steinquadern gefügten Mauern, über die sinnreiche und todbringende Anordnung ihrer Geschütze und Bastionen, über das Labyrinth sich verschlingender und durchkreuzender Gänge, scheinbar planlos in jede Richtung durch den Fels getrieben. Tatsächlich wurde niemals ein Plan gezeichnet. So konnte auch niemand etwas über die Fallen sagen, deren Anzahl anscheinend immer größer wurde, je mehr die Forscher sich bemühten in das Innere der Festung zu gelangen. Nur Gerüchte – über bodenlose Fallgruben, sich plötzlich lösende, alles zermalmende Steinquader, über sekundenschnell herabstürzende eisenbeschlagene Gatter, über unvermutet auftauchende Mauern, ausgesetztes giftiges Gewürm und verminte Tore.

Manches dazu hätte man vielleicht in den Kriegsgeschichten der Feinde, die sie im Laufe der Jahrhunderte belagert hatten, vermutet. Aber nirgendwo wird sie genauer beschrieben; es taucht nur der Name auf, und das Fehlschlagen aller Bestürmungen und Beschießungen fand Eingang in die Annalen. Und die großen Generäle längst vergangener Epochen schauderten vor dem sinnlosen Morden vor den Mauern, vor der blutigen Vernichtung der zum Sturm ansetzenden Heere. Umso mehr da die Belagerung sich allzu oft als unnötig erwies, denn nie eilte von der Festung Entsatz zu den bedrohten Küstenstrichen, nie wurde einem weiterziehenden Heer der Weg verstellt. Nur der direkte Angriff schien die alles niedermachende Verteidigung heraufzubeschwören.

Auch findet sich in keinem der Bücher ein Hinweis auf die heldenhaften Verteidiger. Niemand kann sich an eine Besatzung erinnern, nie sah man Soldaten auf den Wällen patrouillieren. Kein Signal erscholl, keine Flagge wurde seit

Menschengedenken auf den verwitterten Türmen gehißt. Unnahbar und einsam liegt seit Ewigkeiten die Festung vor der Küste. Und immer schrien die Seevögel, und im Winter warfen sich die Stürme gegen das Eiland. Brüllten dagegen an, zerstäubten an den Klippen in meterhohen Gischtfontänen. Der Wind zerrte an den Mauern, hieb auf die Wehre ein – allein auch ihm schien die Zitadelle sich zu entziehen.

Auch die Einheimischen der Küste wissen nichts zu berichten. Die Fischer meiden die Gewässer um das Eiland wegen der Untiefen und Klippen, viele Boote gingen dort schon verloren. Ein wahrhaft einsamer und verwunschener Ort scheint die Festungsinsel zu sein.

"Verwunschen. Ich weiß. Ich habe die Festung gebaut."

Es sollte wieder ein Fest geben. Schon am Vormittag hatten die Handwerker damit begonnen, die Zimmer des Schlosses mit seltenen Tüchern auszuspannen. Schwerer Damast, Samt und leuchtende Seide bedeckten die Wände. Alles war von einem leuchtenden Rot. Und nun war Abend, die untergehende Sonne warf ein eben-solches Rot vermischt mit allen nur möglichen Goldtönen an den Himmel und das Meer, in dem sie langsam zu versinken schien. In den Sälen wurden die Kerzen auf den goldenen Leuchtern angezündet, ihre flackernden Flammen brachen sich tausendfach im Kristall der Spiegel, ihr Licht wurde warm zurückgeworfen von der roten Farbe der aufgespannten Tücher. Langsam trafen die Gäste ein. Es war die ganze vornehme Jugend des Landes, die Sprößlinge der alten Grafengeschlechter, Söhne der Generäle, Töchter aus den reichen Patrizierhäusern der Handelsstädte an der Küste, alle versammelten sich, um heute den Geburtstag des Prinzen zu feiern. Heute Nacht würde er sein achtzehntes Lebensjahr vollenden, würde offiziell als Thronfolger ausgerufen werden, würde das Kommando über seine erste Armee der altgedienten Garde und die Regentschaft über seine erste Provinz übertragen bekommen. ...

FAHRT

... Das Waldtier trat aus dem Gebüsch. Es äugte in die Runde, blähte noch einmal seine Nüster, und begann die Straße entlang zu laufen. Plötzlich verharrte es, stellte seine Ohren auf, lauschte. Da war etwas Fremdes. Ein monotones Geräusch. Es kam näher. Das Waldtier konnte es nichts Bekanntem zuordnen. Ein Grollen, ein Reiben, ein rhythmisches unvorstellbar schnelles Keuchen. So unvorstellbar schnell, daß es dem fernen Grollen des Donners glich. Ein stetiges unentwegtes Donnern. Es wurde lauter. Es näherte sich. Und dann sah das Waldtier die Lichter. Wie ein paar Augen erst in weiter Ferne glimmend, dann immer gleißender werdend. Es raste heran. Das Waldtier stand wie gebannt und betrachtete das unbekannte scheinbar Heranfliegende. Es wird über mich kommen. Das Grollen des Unbekannten wurde zum Brüllen und goß nun einen gleißenden hellen Glanz auf das Waldtier. Es tötet mich. Es sollte fliehen, war seine erste Regung, aber da ging das Gebrüll des Unbekannten schon in ein alles versteinerndes Kreischen über. Das Waldtier konnte sich nicht rühren. Es war geblendet vom Licht der Augen des Fremden. Und da fühlte es schon den Schlag gegen seine Brust, das Licht verlor sich im bunten Geflimmer des Schmerzes, Blut schoß in seine Nüster, es fühlte wie eine unwiderstehliche Kraft es in das All schleuderte. Und das Waldtier wußte, das dies das Ende war. Und es sank in die Stille.

Still lag die Straße in dem kleinen Waldstück. Ein Morgenvogel sang. Und hinter den Bäumen konnte man das erste rosarote Aufflammen des Morgens sehen. Die Straße glänzte von der Nässe des Taus. Wassertropfen rannen an dem Stumpf des zerborstenen Begrenzungspfahls herab. Durch das taunasse Gras hatten sich die Spuren der Reifen eingedrückt, als sie mit Gewalt das Rasenstück niederwalzten. Aus dem zersplitterten Kühlergrill stiegen kleine Dampfschwaden. Die Uhr im Armaturenbrett tickte, und die neongrünen Zeiger tackten weiter. K. erwachte. Seine Hände umklammerten noch immer das Lenkrad. Der Kopf schmerzte. Er ließ ihn nach hinten auf die Kopfstütze sinken. Was war das gewesen? Plötzlich stand es da im Kegel der Scheinwerfer. Und unendlich staunende braune Augen, das war alles, woran sich K. erinnern konnte. Er versuchte sich zu bewegen. Alles schien zu funktionieren. Nur der Kopf schmerzte. K. stieß die Wagentür auf. Vorsichtig setzte er den linken Fuß aus dem Fahrzeug in das nasse Gras, der rechte folgte. Er stand auf. Er ging um den Wagen. Ein Ast hatte sich durch den Kühlergrill gebohrt, die Scheinwerfer waren zersplittert, ein paar Beulen und Kratzer, sonst schien der Wagen im Großen und Ganzen nichts abbekommen zu haben. K. wandte sich der Straße zu. Was immer er erwischt hatte, es war nicht mehr zu sehen. K. schritt zu der Stelle, wo die Bremsspuren seines Wagens die Fahrbahn verließen. Nichts. Er kletterte die Böschung auf der gegenüberliegenden Seite herab, bog die Zweige des Unterholzes auseinander. Nichts. Großartig, ich habe ein Phantom umgekarrt. Oder ein blödes Tier. Ich werde es wohl nur gestreift haben und nun hockt es irgendwo im Wald. Und ich habe keine Ahnung, was ich der Versicherung erzählen soll. Scheiße, wo steckt das Viech. Es war nichts zu machen. Es wurde allmählich heller. K. kletterte wieder die Böschung zur Straße hinauf. Er blickte auf sein Auto, kramte in seiner Jacke, fingerte eine Schachtel Zigaretten heraus, zündete sich eine davon an. Dann ging er zu dem Fahrzeug, ließ sich auf den Fahrersitz sinken, griff zu dem Zündschlüssel und drehte ihn mehrmals um. Nichts. Kein Geräusch. Wohl doch mehr im Eimer, als es schien. K. stieg wieder aus, knallte die Fahrertür zu, ging wieder zur Straße. Mindestens sechs Kilometer bis zum nächsten Ort. Und Gott allein weiß, was für ein Kaff das ist. Aber jetzt ist es wohl zu spät, zu überlegen, ob ich nicht doch auf der Autobahn hätte bleiben sollen. Was soll's. Und K. ging los.

K. schritt kräftig aus. Immer die Straße entlang. Der Morgen war angenehm kühl. Auch die Schmerzen hinter den Schläfen spürte er kaum noch. Nur von Zeit zu Zeit ein leises Pochen. K. zog tief die kalte frische Luft ein. Ihm fröstelte. Er zog die Jacke enger um seinen Körper zusammen. Allmählich trat der Wald von der Straße zurück, öffnete sich zu einem kleinen Tal. K. hörte das Plätschern eines Baches. Über den Wiesen an beiden Seiten seines Ufers lag ein milchiger Nebel. Dahinter erhob sich dunkel der Wald. Immer mehr Vögel begannen, in den fahlblauen Morgenhimmel zu singen. K. fühlte sich mit einem Mal beschwingt, gut gelaunt. Und er sah dem Kommenden mit einer glücklichen Gleichgültigkeit entgegen. Den Job wäre er auf alle Fälle los. Den Wagen hatte er sauber versägt, er würde auch in der nächsten Stunde nicht die Firma informieren können. Und das wo Zeit in diesem Geschäft alles ist, wie sein Chef bei jeder Besprechung zu betonen pflegte. Deswegen wurde es eh nicht gern gesehen, wenn Kollege K. von den Schnellstraßen abbog, um sich über Landstraßen zu kämpfen. Also, Kollege K., momentan kann ich zwar nicht sagen, daß Sie hinter dem Zeitplan liegen, aber die Gefahr auf diesen Straßen aufgehalten zu werden, ist doch wesentlich höher. Hatte also sein Chef recht gehabt. Schön. Das war K. aber momentan gleich, eigentlich ein ziemlich schöner Morgen, dachte er sich. Und hier ist es eigentlich richtig schön. Und wann bin ich das letzte mal nur so spazierengegangen?

Eigentlich war es ihm in der letzten Zeit immer mehr zur Gewohnheit geworden spazierenzufahren. Er liebte es zum Beispiel, einfach nur so durch die Stadt zu fahren. Natürlich nicht tagsüber, wenn die Straßen notorisch verstopft waren, die glänzenden Leiber der Automobile sich in endlos scheinenden Schlangen in den Häuserschluchten stauten, der Geruch des Benzins das Öffnen der Fensterscheiben nicht ratsam erscheinen ließ, wenn der Lärm der Baustellen die Musik des Radios übertönte und Menschen mit gehetzten Gesichtern sich an den aufeinandergereihten Wagen vorbeischoben. Nein, die Fahrten am Tage gehörten für K. zu seinem Beruf, den er eigentlich nur als notwendiges Übel betrachtete. Man mußte halt von irgendetwas leben. Aber nachts, wenn die Straßen wie leergefegt schienen, die Häuserfassaden als dunkle Schatten zurücktraten, die Straßenlaternen melancholische Lichtfetzen auf das Pflaster warfen – dann war die Zeit, in der K. das Autofahren liebte. Vielleicht liebte er auch einfach nur das Alleinsein. Oder das Nachdenken. Denn das konnte er hier. Das Radio spielte irgendetwas Klassisches, die Heizung blies warme Luft in die Fahrgastzelle, die Anzeigen des Armaturenbrettes leuchteten gleichbleibend in ihrem Neongrün. Vor ihm gleichmäßig vorbeigleitende dunkle Häuserwände und dann später auf den Ausfallstraßen das monotone Aufeinanderfolgen der Begrenzungspfähle, ein bleiches Aufblitzen im Scheinwerferkegel. Er war um diese Zeit immer allein auf den Straßen. Keine störenden Ablenkungen. Nur das gleichmäßige Laufen des Motors und das Vorbeifliegen der nächtlichen Schatten. Und K. konnte vor sich hin träumen. …

Cartoons
1996-1998

Rumliegen

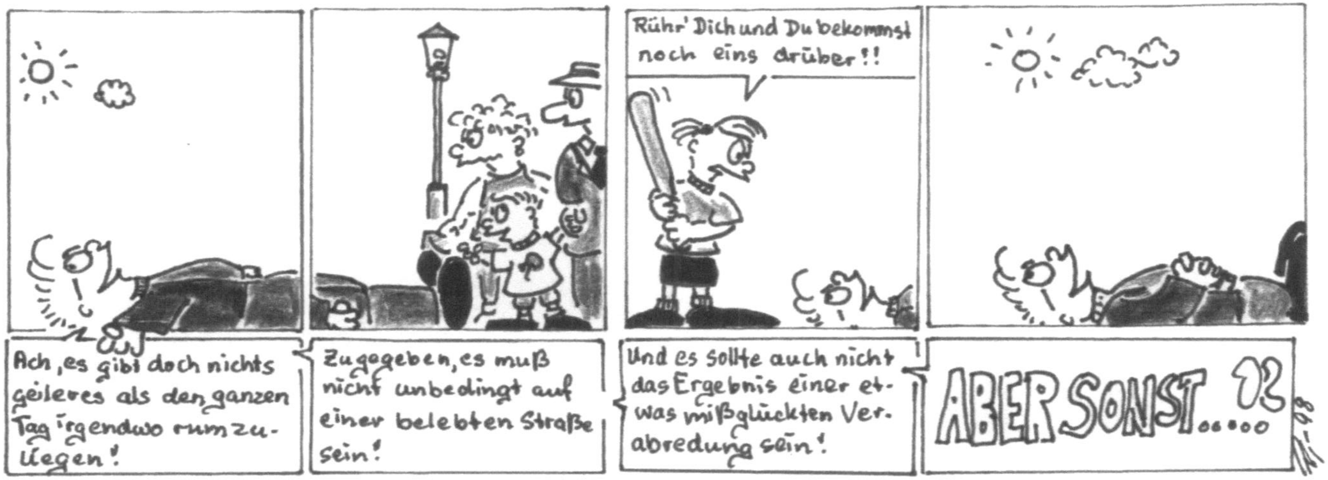
Ach, es gibt doch nichts geileres als den ganzen Tag irgendwo rumzuliegen!
Zugegeben, es muß nicht unbedingt auf einer belebten Straße sein!
Rühr' Dich und Du bekommst noch eins drüber!!
Und es sollte auch nicht das Ergebnis einer etwas mißglückten Verabredung sein!
ABER SONST...??

Omas Sparschwein

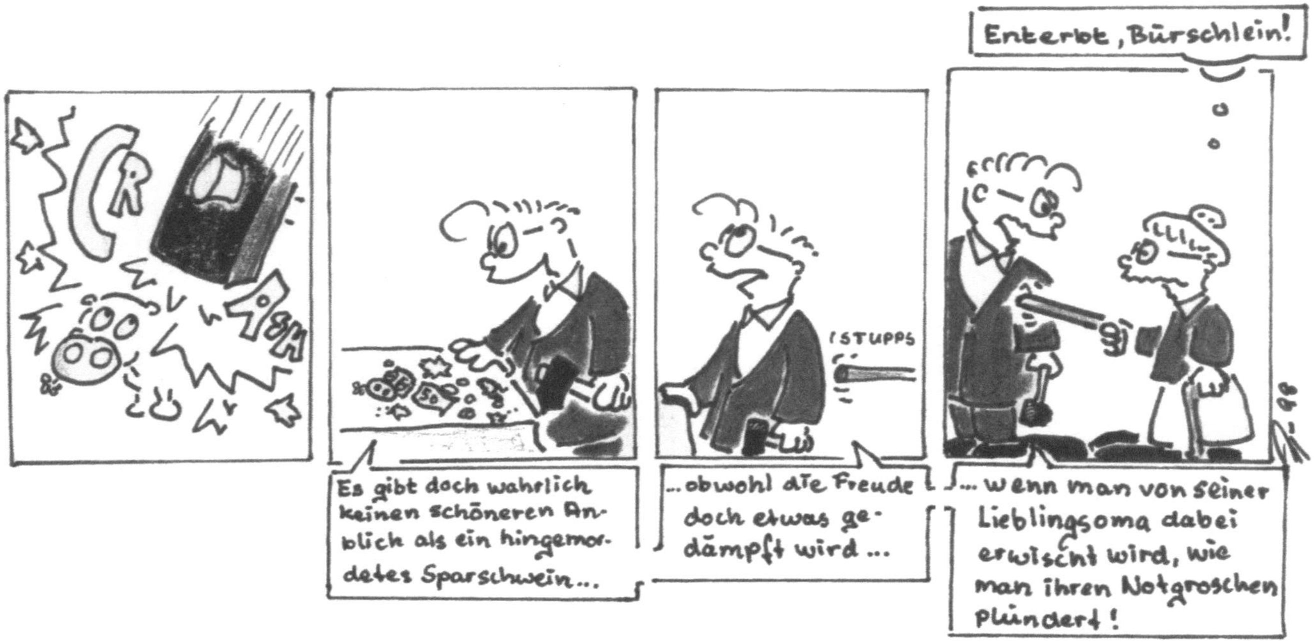
CRASH
Es gibt doch wahrlich keinen schöneren Anblich als ein hingemordetes Sparschwein...
STUPPS
...obwohl die Freude doch etwas gedämpft wird...
...wenn man von seiner Lieblingsoma dabei erwischt wird, wie man ihren Notgroschen plündert!
Enterbt, Bürschlein!

Geigenspieler

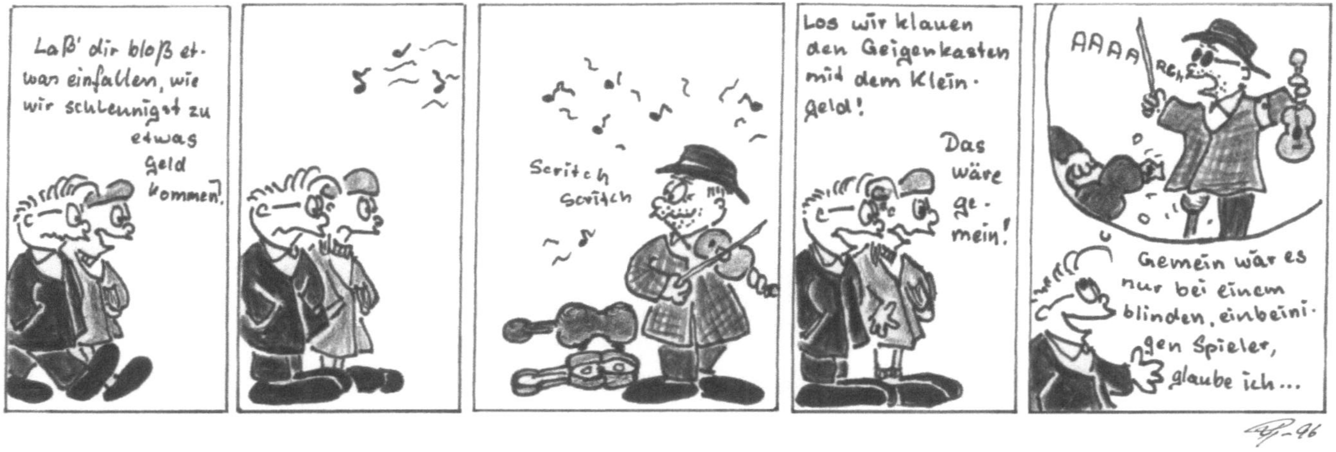
Laß' dir bloß etwas einfallen, wie wir schleunigst zu etwas Geld kommen!
Scritch Scritch
Los wir klauen den Geigenkasten mit dem Kleingeld!
Das wäre gemein!
AAAA
Gemein wär es nur bei einem blinden, einbeinigen Spieler, glaube ich...

Hallo Fräulein !

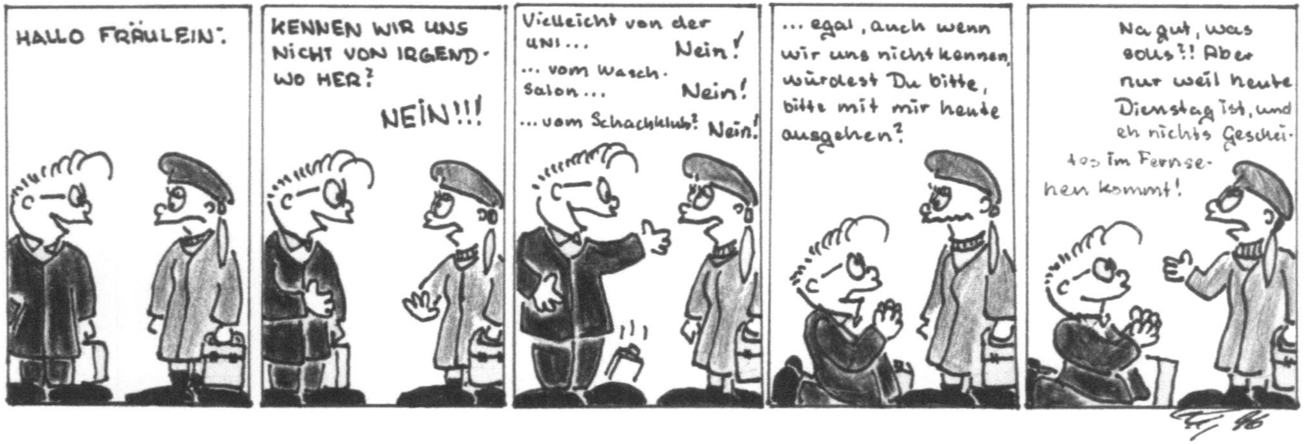

HALLO FRÄULEIN!
KENNEN WIR UNS NICHT VON IRGENDWO HER?
NEIN!!!
Vielleicht von der UNI...
Nein!
... vom Wasch-Salon...
Nein!
... vom Schachklub?
Nein!
... egal, auch wenn wir uns nicht kennen, würdest Du bitte, bitte mit mir heute ausgehen?
Na gut, was solls?! Aber nur weil heute Dienstag ist, und eh nichts Gescheites im Fernsehen kommt!

Romantische Atmosphäre

Warten

Heut' ist der große Tag! Um Sieben werde ich SIE treffen?
Oder vielleicht doch erst halb Acht !???
Gottseidank schneit es jetzt auch noch...
Um Sieben hat sie gesagt,..., ich hätte sie nach dem Jahr fragen sollen!

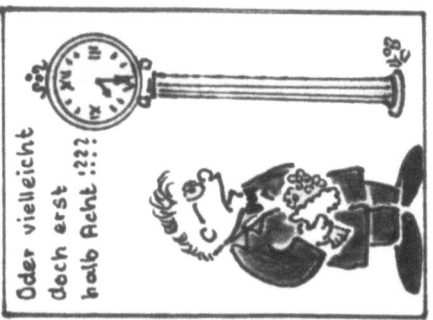

An der Haltestelle

Es gibt nur 2 Dinge, die noch frustrie-render sind, als bei Schmuddelwetter auf den Bus zu warten ... :

... 1. bei schmuddelwetter auf den Bus zu warten und die liebevolle An-teilnahme eines Hundes auf sich zu ziehen ...

... und 2. eine finster dreinblickende Menge, die zuschaut, wie man bei Schmuddelwetter auf den Bus wartet und die liebevolle Anteilnahme eines Hundes auf sich zieht !

Sternzeit 1-9-9-6

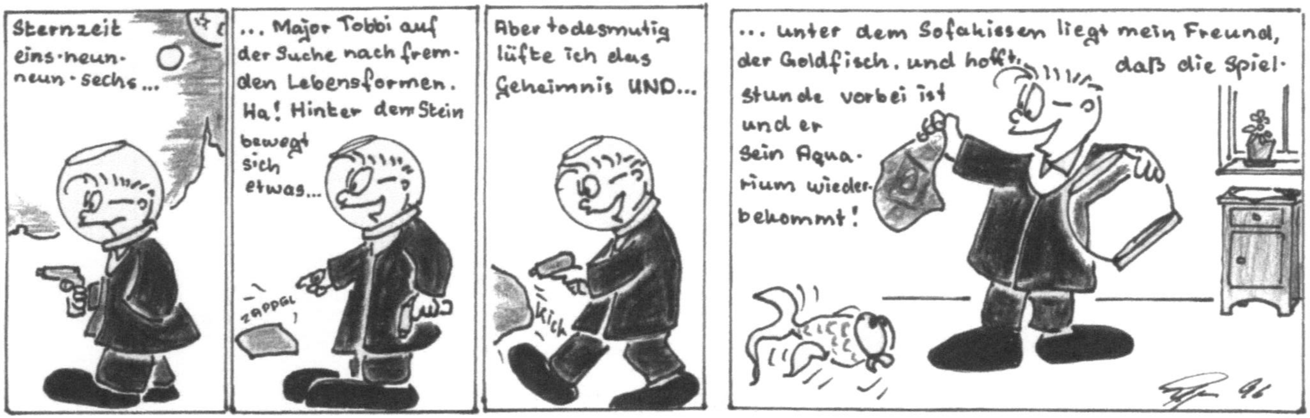

Sternzeit eins·neun·neun·sechs...
... Major Tobbi auf der Suche nach fremden Lebensformen. Ha! Hinter dem Stein bewegt sich etwas...
ZAPPGL
Aber todesmutig lüfte ich das Geheimnis UND...
Kick
... unter dem Sofakissen liegt mein Freund, der Goldfisch, und hofft, daß die Spielstunde vorbei ist und er sein Aquarium wiederbekommt!
96

Hallo Fisch !

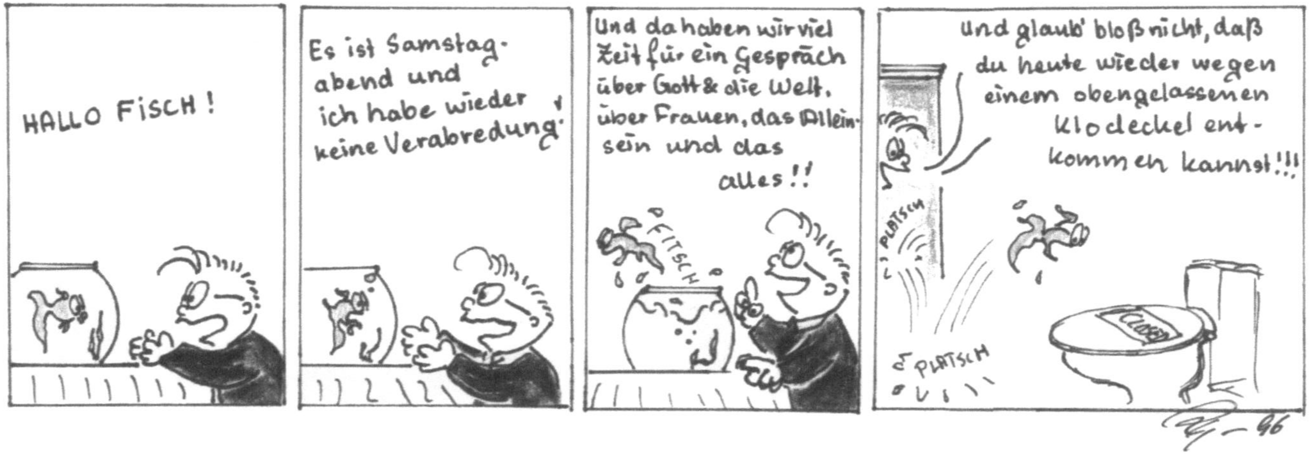
HALLO FISCH !
Es ist Samstag-abend und ich habe wieder keine Verabredung!
Und da haben wir viel Zeit für ein Gespräch über Gott & die Welt, über Frauen, das Allein-sein und das alles!!
PFITSCH
Und glaub' bloß nicht, daß du heute wieder wegen einem obengelassenen Klodeckel ent-kommen kannst!!!
PLATSCH
PLATSCH
CLOSET

Streichfähig

STREICHFÄHIG.

Wenn wirst du dummes Stück Fett endlich streichfähig?

...momentan steht er in der Küche und fönt die Butter.

Wie es eigentlich Tobbi geht? Nun, ja ...

Im Café II

Schmacht
Schmacht
?
Meine Cola blubbert noch!
Na und, meine auch!
TOLL!
Wir haben etwas gemeinsam!

Autofahrt ?

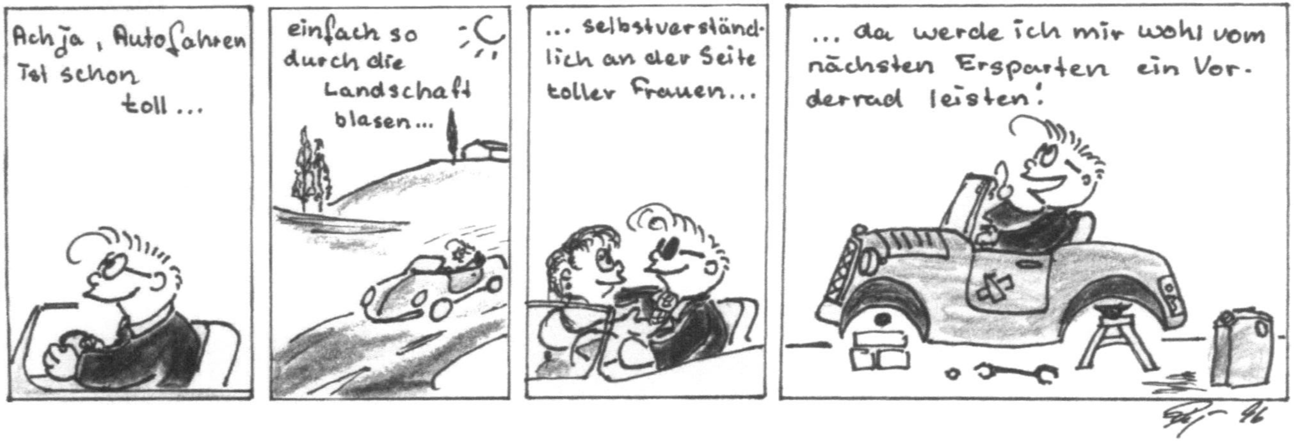
Achja, Autofahren Ist schon toll ...
einfach so durch die Landschaft blasen...
... selbstverständlich an der Seite toller Frauen...
... da werde ich mir wohl vom nächsten Ersparten ein Vorderrad leisten!

Baum

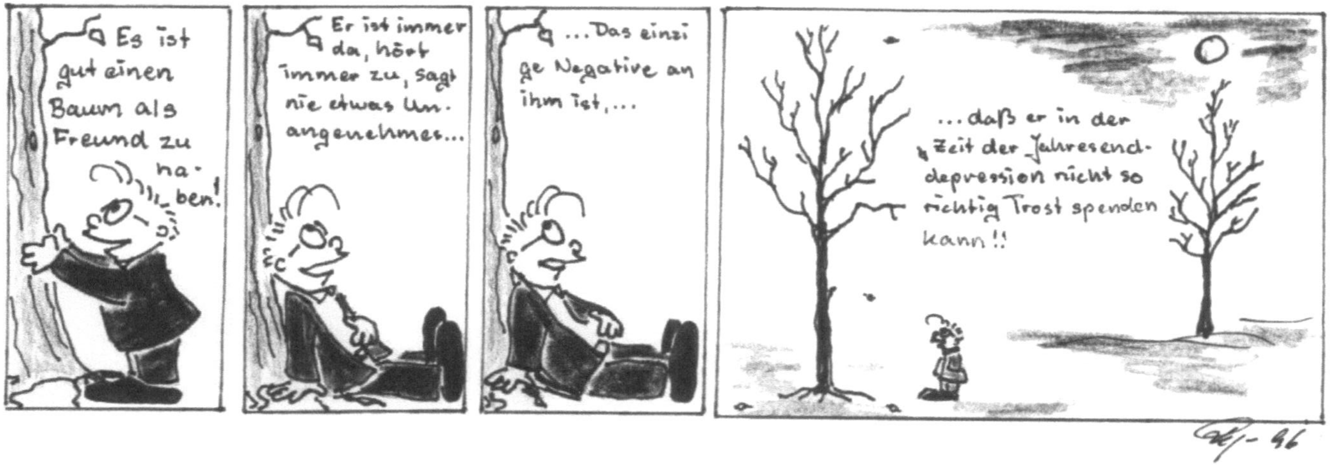
Es ist gut einen Baum als Freund zu ha-ben!
Er ist immer da, hört immer zu, sagt nie etwas Un-angenehmes...
...Das einzi ge Negative an ihm ist,...
...daß er in der Zeit der Jahresend-depression nicht so richtig Trost spenden kann!!

Miniaturen

SOMMERTAG

Es gibt nichts absolut schöneres als an einem Sommertag im
Gras zu liegen. Es muß in den frühen Nachmittagstunden sein,
es muß in einem menschenleeren Park der großen Stadt sein,
so daß in der Ferne der geschäftige nachmittägliche Verkehr
grollt, während um einen nur der Wind in den Bäumen
rauscht, Vögel fliegen und dicke Bienen über den Löwenzahn
brummen. Dort muß man liegen und die Augen schließen.
Man kann sie natürlich auch offen halten und sich im Blau
des Himmels verlieren. Im Postkartenblau. Oder
den Gräsern beim Schaukeln im leichten Wind
zusehen. Auf, ab, vor, zurück. Sie werden
müder und immer müder. Es muß heiß
sein, brennend lähmend heiß. Und
die Welt ist bunt. Gelb, weiß, blau
gesprenkelte Wiese. Rote, dicke,
knorrige Rotbuchen. Und wenn
sich dann auch noch ein
Schmetterling in deine
Nähe setzt, dann
entstehen solche
Geschichten.

MEINE SCHWESTER

Meine kleine Schwester ist die schönste von allen. Ich meine von allen Menschen. Im Augenblick jedenfalls. Das ist umso erstaunlicher, da es sie ja gar nicht gibt. Freilich existiert sie. Wenn ich es auch nicht beweisen kann, sie ist ja im Moment nicht da. Wie das zu verstehen ist? Ich weiß es nicht. Ich habe selber keine Ahnung was sie ist. Meine Schwester ist sie nicht, ich bin ein Einzelkind. Meine Geliebte ist sie auch nicht, meine Freundin kann sie auch nicht sein, so etwas gibt es nicht. Und doch sind wir zusammen und ich bin glücklich. Also wird sie wohl doch meine kleine Schwester sein.

Sie hat den Sommer gemacht. Damit wir uns in den alten Park unter satt grüne Bäume auf den spärlichen Rasen legen können und dabei einen wunderblauen Himmel mit weißen flaumigen Spielzeugwolken sehen können. Sie hat den Sommer gemacht, damit wir im kühlen Abendwind zusammensitzen können, wir Wein trinken, ich meinen Kopf an ihre Schultern lehnen kann und mit ihr von hier fliehen kann. Sie hat den Sommer gemacht, damit wir in unserem guten, zerbeulten Auto mit heruntergelassenen Scheiben, durch die mittäglich heiße brütende Stadt fahren können. Immer im Kreis, über den weichgekochten Asphalt und irgendwann einmal weg, weit weg. Sie hat den Sommer gemacht.

Und ich bin sehr stolz auf sie, daß ich ihr Bruder bin. Ich weiß nicht, warum. Sie ist so schön. Obwohl sie wahrscheinlich nie für ein Model gehalten werden würde. Sie hat schwarze, kurzgeschnittene Haare, und schwarze tiefe Augen. Und ihre Figur ist wohl das, was man kräftig nennt. Und sehr fraulich. Und wenn sie sich bewegt, wenn sie tanzt, wenn sie geht, wenn sie den Kopf zur Seite hält, um mich anzuschauen, ist sie göttlich. Wie ihr Lachen. Es ist ein juchzendes, ihren Hals herauf perlendes Lachen.

Ich bin so stolz auf meine kleine Schwester. Auch weil sie mich an sich teilhaben läßt. An ihren Träumen und Tränen, den Geheimnissen, ihrer Liebe. Natürlich bin ich auch eifersüchtig, aber es ist ihr Glück. Und das hat sie sich verdient. Und ich wünsche mir ja auch nur, daß sie glücklich ist. Dann kann ich es auch sein. Vielleicht ist es ja so, daß ich sie nur brauche, um mich aufzurichten. Ein Grund mehr ihr dankbar zu sein. Und das bin ich – dankbar, glücklich, stolz. Und alles wegen meiner kleinen Schwester, wenn es sie gibt.

DER MORGEN

Nur nicht die Augen aufschlagen. Dann ist es wieder da. Das gräßliche Zimmer. Vier weiße Wände. Der staubbedeckte Boden. Der Tisch mit den gestrigen Resten. Die Kerze. Die grüne Flasche mit der Neige Rotwein. Und das müde Licht, das durch die vom Staub blinden kleinen Fenster fällt. Zu spät. Der Schlaf ist geflohen. Und außerdem ist es kalt. Eine weiße Flaumfeder hingehaucht auf den Dielen. Es ist eine eigene. Aus den Flügeln. Es mußten Jahre vergehen bis ich sie bemerkte. Und nun fallen sie langsam wieder aus. Vielleicht gibt es sie ja gar nicht. Es sieht sie nämlich niemand. Unfähig. – Aber es gibt noch mehr. Einmal traf ich ein Mädchen. Es trug auch welche. Und ihr Blick hätte ein Spiegel des meinigen sein können. Wir sprachen. Sie erkannte mich nicht. Ich wollte ihr Gesicht berühren. Aber da war sie, die Wand. Ein Tasten in eine Mauer aus durchsichtigem Gelee. Steckenbleiben. Kein Durchkommen. Rückzug. – Ich sollte heimkehren. Schleppe mich zum Fenster. Schleifende Schwingen. Hinterm Glas das feuchtglänzende graue Pflaster des Hinterhofes. Heimkehren. – Bloß wohin?

DER ABEND

Ha, getroffen. Kleine schwarze Flaumfedern wirbeln auf. Ein kleines nadelfeines Einschußloch auf der Brust. Ein Blutstropfen leuchtendrot auf dem Boden. Und der Vogel trudelt zur Erde. Letztes verzweifeltes Flügelschlagen – einmal, zweimal. Dann der Absturz. Ich kann zufrieden sein. Ich habe jetzt wieder meine Ruhe. Warum mußte dieses Mensch mir auch zu nahe kommen. Ich wollte nur hier sitzen und mich erinnern. Damals als ich auch noch flog. Die Augen zum Himmel. Blau, blau – endlos blau. Aber ich bin auf der Erde. Und da kommt dieses Mensch und erzählt mir seine Liebe, die nur falsch sein kann. Es gibt keine Träume. Ich mußte schießen, um es zu retten. Jetzt weint es und hält sich von mir fern. Ich darf es nicht berühren. Ich hasse mich. Aber ich will an nichts mehr schuld sein. Ihre Flügel werden vielleicht heilen, meine wohl kaum. Es reicht wenn einer am Boden klebt. Willkommen Erde. Ich gehe durch den Raum voller Menschen und verbrauchter Luft zur Theke. Warmes gelbes Licht. Noch ein Glas Wein!

DER BEKANNTE

Der Heimweg. Die frühen Morgenstunden. Die Schwebe zwischen noch Nacht und fahlem Morgen. Die Sterne stehen noch am bläulich schwarzen Himmel. Dunkle Straßen, nur im Osten der erste Streifen Helle, davor die stille Silhouette der Stadt. Es ist kühl. Die Wiesen neben der Straße atmen Feuchtigkeit, einen kniehohen Nebel. Er verbirgt, verhüllt. Auch der Nebel im Gehirn. Mir ist so schwindlig. Laufen, laufen – mechanisch. Über die weite Brücke. Im Wasser die mystischen Kreise, Zeichen – Strudel. Und dort an der Laterne steht er. Der schwere schwarze Mantel, die Kapuze, kein Gesicht! Ich kenne ihn. Ich geh vorbei. Die Kälte kriecht durch meinen ganzen Körper. Den Blick nach unten – nasser Asphalt. Ich laufe, laufe – nur nicht taumeln. Jetzt nicht fallen. Ein Vogel schlägt an. Ich atme tief – schmerzende Kühle. Ich lebe.

DANSE MACABRE ODER
EINE ZIEMLICH WICHTIGE FRAGE

Das Gespräch lief gut. Wir sprachen vom Tod. Wie bringst du dich um? Das ist ein weites Feld, weißt du es, niemand ist sicher, aber noch können wir wünschen. Vielleicht liegt im Glanz deiner Augen ja schon das kalte Blinken der Sense, der Schädel grinst, von den Kerzen rinnt das Wachs herab, aus der Ferne Choräle vom Band, Zeit für Szenarien. So malen wir Bilder.

Das Perlen der Tabletten im Wasserglas, Chemie macht schön, der Blick aus dem Fenster auf die schlafende Stadt, eine herrliche Sommernacht, und alles wird friedlich sein? Das Knistern des Kissenbezuges unter deinem Kopf, noch pulst der Tag in den Schläfen und nun im Schlaf, von Engeln geküßt, zum ewigen Traum entführt? Der Schrei der Lokomotive im kalten Nebelmorgen, die Gleise verschwinden am Horizont, und auf dem Metall glänzt Tau, unter dir fühlst du schon das Vibrieren der Räder, komm näher, und dann der Schlag von nicht vorstellbarer Kraft, das gleichmäßige Donnern der Wagen, über dir? Im fahrenden Auto, die Augen fest geschlossen, im Scheinwerferkegel, den du nicht siehst, den Pfeiler der Autobahnbrücke, unendlich fest und steinern auf dich zuschiessend? Der Sprung ins Nichts, den Fallwind im Gesicht, ein Vogel sein, schweben, frei sein, auf Ikarus zur Sonne? Das Messer an der Ader, beim gemeinsamen Mahle mit den Freunden, Musik erklingt, Blut tropft in die Schale, bestellt dem Kaiser: Petronius lacht über ihn? Am Ufer des Sees, den Blick auf die tote Geliebte, wie traurig Trauerweiden aussehen können, den Stahl der Waffe in der Hand fühlend, ein letztes Krümmen des Fingers, leb wohl wunderblaue Blume, Lilie mein, und dann die glühend heiße Bahn des Geschosses, die letzte Empfindung vor der Nacht? Eine einsame Schnur um den Ast eines Baumes gewunden, auf einem verschneiten Friedhof, die steinernen Engel schauen herüber, und dort das Kreuz, vergib mir, und natürlich ziehen die Krähenschwärme, jetzt weißt du, was es heißt: am Leben hängen? Und siehst du den Fluß, unendlich langsam strömen die Wasser, Ruhe versprechend, um deine Füße kleine Strudel, fallenlassen, auf den Wellen treiben Blüten, und mit dem Frösteln kommt der Schlaf? Bist du schon müde? Es ist schon spät, ich muß morgen früh raus. Reden wir über etwas anderes, möchtest du noch etwas trinken?

EIN ETWAS ZU EMOTIONALER AUSGANG EINES ABENDESSENS

Und ich hörte mich noch sagen: "Was hast du denn um Himmels Willen mit dem Messer vor, Liebes?" Und da stießest du es mir auch schon über den gedeckten Tisch hinweg in die Brust. Mit kleinen präzisen Schnitten zerteiltest du Muskelfaser um Muskelfaser. Und während ich dich mit offenem Mund und völlig verständnislos anstarrte, schlugst du mit deiner kleinen zarten Hand auf meine Rippen ein, sodaß sie knirschend zerbrachen. Und mit der gleichen feingliedrigen Hand wühltest du nun in meinem Brustkorb herum. Jetzt hattest du mein Herz ertastet und hast es mit einem einzigen Ruck herausgerissen. Du hältst es in der Hand, und feine Blutfäden rinnen an deinem Arm herab. Du schaust es dir aufmerksam an. Dann lächelst du und sagst: "Es ist ja fleckig." Und dann läßt du es einfach fallen, und es liegt auf dem schönen weißen Tischtuch und langsam bildet sich drumherum ein kleiner roter See aus Blut.

MOMENTE

Es war ein ganz gewöhnlicher Freitagabend. Man war weggegangen, hatte ein wenig getrunken, war weitergezogen, von Lokal zu Lokal, um nun schließlich in diesem Club zu landen. Es war einer von denen, die in irgendeiner Seitenstraße für zwei Monate öffnen, konsequent die Sperrstunden ignorieren, von irgend-einem Kulturverein finanziert werden und deren Kundschaft sich, uralten Szene-spielregeln folgend, zumeist in abgeschabtes Schwarz oder verschlissenes Grau kleidet. Die Musik war ziemlich laut. Er wollte nur seine Ruhe. Vor ihm auf dem Tresen stand das Glas, die braune klare Flüssigkeit brachte gerade den darin herumschwimmenden Eiswürfel zum weinen. Und so blieb dem Eis gar nichts anderes übrig, als sich langsam immer mehr aufzulösen. Der Raum um ihn begann langsam zu kreisen, das Glas vor seinen Augen schien seine Konturen immer mehr zu verlieren – floß auseinander, zog sich zusammen – je mehr er sich darauf konzentrierte es genau zu beobachten. Auf den Bierpfützen des Aus-schanks liefen zwei Meerschweinchen Schlittschuh. Macht ja nichts, ist ja ein freies Land. Maria war fort. Er hatte keine Ahnung, wann sie gegangen war. Aber eben noch war sie hier gewesen. Die Nebelmaschine blies noch immer un-aufhörlich Rauch in den von lautem Rhythmus erfüllten Raum. Die Meer-schweinchen schienen eine Pause eingelegt zu haben, zumindest konnte er sie nirgendwo entdecken. Dafür wurde die Musik unerträglich laut. Sie hüllte alle ein, und er konnte das dumpfe Klopfen der Bässe im Magen spüren. Ich glaube, ich muß dringend hier raus, war der nächste Gedanke der ihm kam. Der Barkeeper schien ähnlicher Meinung zu sein, denn er warf schon seit geraumer Zeit finstere Blicke herüber und schien sich nicht schlüssig zu sein, ob er schon jetzt den Saaldienst bitten, dieses Subjekt zu entfernen, oder doch noch eine Bierbestellung abwarten sollte.

Verachte mich ruhig. Dafür wünsche ich dir einen Tumor ins Hirn, aber der würde es wahrscheinlich schwer haben, bei dir dort heimisch zu werden. Schau' nur her. Du kannst mich nicht sehen, ich bin nicht hier. Wo ich bin, wirst du nie hingelangen. Denn den Weg kenne nur ich.

Plötzlich spürte er, daß jemand hinter ihm stand. Er drehte sich um. Es war Maria. Er wußte, daß er jetzt nicht fragen durfte, warum sie zurückgekommen war. Vielleicht wußte sie es ja selber nicht. Langsam strich sie sich eine Haarsträhne aus dem Gesicht. Es war blondes Haar, aber im fahlen Licht des Tresens hatte es jeden Glanz verloren. Sie sah müde aus. Um ihre Augen waren dunkle Schatten. Und sie hatte diesen mitleidigen Blick aufgesetzt, den er haßte. Er hatte sie nie gebeten, sich um ihn zu kümmern. Er wollte nicht bemitleidet werden. Schon gar nicht von Maria. Eigentlich wollte er für sie immer stark sein. Sie sprach leise: "Laß uns gehen. Hier ist eh bald Schluß." Natürlich würde er mitgehen. Irgendwie hatte er ja darauf gewartet.

Nimm mich mit. Führ mich in dein Reich. Nimm mich an der Hand. Ich werde mich nicht wehren. Ich gehöre dir. Du gehörst mir. Denn du bist meine Göttin. Und während ich auf den Knien niedersinke, wirst du dir das Gewand von der Schulter streifen und es wird mit unendlicher Langsamkeit zu Boden fallen. Nackt stehst du über mir. Und aus deinen Augen regnen Rubine und Diamanten herab und in deiner Hand hältst du die kristallene Axt. Und du lachst. Und in deinem Haar glänzt die Sternenkrone und auf deiner Stirn leuchtet die Mondsichel. Du wirst mir den Schädel spalten. Und der Schmerz wird aufhören. Göttinnen leben nun einmal von Opfern.

Langsam stand er auf. Sie hielt ihm seine Jacke hin, er nahm sie, zog sie sich über. "Gehen wir!" Erstaunlicherweise machten sich keine Probleme mit dem Gleichgewicht, mit denen er eigentlich gerechnet hatte, bemerkbar. Zielsicher und nur leicht schwankend bahnte er sich den Weg durch die Menschen im Lokal. Maria folgte ihm. Manchmal berührte ihre Hand seine Schulter. Er sehnte sich nach frischer Luft. Nur noch die Treppe. Warum richtet man solche Kneipen in Kellergeschossen ein? Die Treppe war steil, schmal, an beiden Seiten unverputztes Mauerwerk. Er berührte die Steine, spürte die atmende Feuchtigkeit. Und irgendwo da oben war die Tür. Die Wände schienen sich aufeinander zuzubewegen.

Wo bin ich. Ich will hier raus. Ein Labyrinth. Die Wände bis an den Himmel gemauert. Und dessen Blau verhöhnt die Flügellosen, die sich nicht in die Höhe schwingen können. Immer neue Wände. Knirschend verschieben sie sich, versperren den gerade sichtbar gewordenen Ausgang. Man darf sich nicht von den vielen Portalen täuschen lassen, die meisten sind nur auf den Putz aufgemalt. Manchmal trifft man auf echte Durchgänge, aber die werden von den Sphinxen bewacht, ewig lächelnd, dem Wanderer Fragen stellend, deren richtige Antwort sie selbst schon vor Jahrtausenden vergaßen. Und ich muß weiter, ich will nicht mehr nur Mauern sehen. Und in der Ferne das Geheul der Tiere. Sie sind auf der Jagd. Du mußt hier raus, sonst erwischen sie dich. Dein Kopf schlägt gegen eine Mauer. Du spürst die körnige Struktur der Ziegel. Du drückst deine Hände gegen den Stein. Macht mir den Weg frei! Ich muß raus.

"Geht's wieder?" Er schlug die Augen auf. Über ihm Marias Gesicht. Er wollte aufstehen, sie stützte ihn. Die Tür öffnete sich. Sie waren im Freien. Es war eine kalte, klare Nacht. Man sah sogar ein paar Sterne über der Häuserschlucht. Ein Motorengeräusch. Ein Scheinwerferpaar. Ein Taxi hielt neben ihnen. Warm und gelb strahlte das Schild auf seinem Dach. Sie stiegen ein. Maria setzte sich neben den Fahrer nach vorn. Er sank hinten auf die Rückbank. Seine Lider waren bleischwer. Im Auto war es warm. Das Radio lief, nur manchmal unterbrochen von den Funksprüchen der Taxizentrale. Der Fahrer sprach leise mit Maria, dann steckte er sich eine Zigarette an. Draußen zogen die grauen Nachtfassaden der Häuser mit ihren dunklen verloschenen Fensteraugen vorbei.

Nun fahr denn zu, getreuer Charon. Du wirst deinen Lohn erhalten. Lenke das Boot sanft über die Wellen. Und unter uns fließt träg der Fluß der Zeit. An den Ufern zieht die Stadt vorbei. Bunte Lichter. Aber die Menschen drehen sich nicht nach dem Boot auf dem Fluß um. Irgendwie dachte ich immer, es müßten weiße Blütenblätter auf den Wellen treiben. Aber ich war mir nie sicher, wer sie eigentlich in die Fluten streuen würde. Wahrscheinlich niemand. Es sind ja auch jeden Tag Schiffe auf dem Acheron zu sehen. Es berührt sie nicht – und ich bin nur noch müde. Maria wird mich wecken, wenn wir angekommen sind.

Und als sich Maria nach ihm auf der Rückbank umsah, schaute sie in ein zufriedenes schlafendes Gesicht.

DU MIT MOND

Es ist eine warme Sommernacht. Am Himmel die
volle Mondscheibe, ihr sanftes Licht fiel auf den See, die
Weiden am Ufer, den Bootssteg und dich. Ganz still liegst du
da und träumst vor dich hin. Und im unwirklichen Schein der Sterne
und des silbergoldnen Mondes sehen die Adern unter deiner weißen
Haut wie Flüsse auf einer Landkarte aus. Sie verzweigen sich, fließen
wieder zusammen. Man könnte mit den Fingern auf ihnen entlangfahren wie
auf den gezeichneten Strömen der Atlanten – auf zu unentdeckten Ländern,
wild und fremd und schön. Vielleicht ist man schon dort. Bunte Paradiesvögel
fliegen durch die Luft und fremdartige, bizarre Blüten in schillernden Farben
brechen aus dem Dunkel des Waldes und verströmen ihren Duft, schwer, die Sinne
benebelnd. Langsam fließt der Strom und ich treibe auf den dunklen Wassern dem
Goldland entgegen. Das Boot des großen Konquistadors schaukelt auf den Wellen,
zuviel Fremdes in diesem ewig grünen Dschungel, und ich schließe meine Augen. Und
auch die Finger scheinen müde zu werden von der vorgestellten Reise. Sie berühren
nur noch vorsichtig deinen Nacken, und ich höre mich deinen Namen flüstern. Du
wendest dich mir zu und streichst dir eine Haarsträhne aus dem Gesicht. Irgendwo
schlägt ein Nachtvogel an. Der Mond spiegelt sich auf dem glatten, unbewegten
Wasser und mit ihm die unzähligen Sterne. In der Mitte des Sees blühen weiße
Seerosen. Sie leuchten zu uns herüber. Soll ich dir eine holen? Laß uns
hinausschwimmen. Später. Und du schmiegst dich an mich und ich werde nie
eine andere Frau als dich lieben. Und die Zweige der Weiden am Ufer
glänzen im Mondlicht. Wir liegen unter ihnen und es scheint, als wären
sie Kaskaden aus Silber, die auf uns herabstürzten. Und darüber
schimmern die Sterne. Kleine silbern glänzende Lichtpunkte.
Jetzt gerade haben sie einen ebenso kleinen rotglühenden
Bruder hier auf der Erde bekommen – in dem
Lichtpunkt der Zigarette, die du dir gerade
anzündest. Uns gehört die Welt.

IM KAFFEEHAUS

Das kleine Kaffeehaus lag direkt an der Hauptstraße. Die roten Straßenbahnen fuhren kreischend dicht daran vorbei und spiegelten sich in der Fensterfront. Der Tag war heiß und staubig. Menschen hasteten vorbei, Aktentaschen und schrill bunte Plastikbeutel unter dem Arm. Hitze. Ein Schweißtropfen schleicht sich die Schläfe herab. Ich bin fertig. – Pause.

Ich trete durch die Tür in die Halle. Es ist ein altmodisches Café. An den Wänden rote Plüschsitzecken um die kleinen Tische auf schweren Gußstahlständern und mit weißen Marmortischplatten. Marmor auch der Fußboden – schwarz-weiße Parkettvierecke. Die obligatorische Palme und die herumliegenden Zeitungen. Die durch die trüben Fenster fallenden Sonnenstrahlen liegen starr im Raum und Staubkörnchen tanzen in ihnen auf und ab. Kühle, endlich.

Ein einzelner Tisch in der Ecke. Ich rücke den einzigen Stuhl an. Ein guter Platz. Doch bevor ich mich setzen kann, steht die Kellnerin vor mir.

„Entschuldigung, würden Sie bitte woanders Platz nehmen. Hier ist reserviert."

Ich schaue sie wohl etwas verständnislos an. Sie steht da in ihrem schwarz-weißen Aufzug, blond, groß. Und lächelt.

„Aber es ist doch niemand außer mir hier?"

„Es ist etwas schwierig zu erklären. Dieser Platz muß immer frei bleiben. Also würden Sie mir bitte den Gefallen tun und sich einen anderen Platz suchen", sagt sie. Und lächelt wieder. Ich glaub, ich mag es wenn sie lächelt, und setze mich an einen der Tische am Fenster, bestelle den Tee, schlage die erstbeste Zeitung auf und denke nicht mehr darüber nach.

Erst am Abend kommt mir das Ganze wieder in den Sinn. Ich bin wieder in diesem Café gelandet. Es ist ein schwüler Abend. Nichts regt sich, es ist still in den Straßen und die Dämmerung scheint stundenlang zu dauern. Alles ist unwahr. Die Stille, die Wärme – die Stadt vom Sommerabend verzaubert. Ich sitze wieder am Fenster, der Kerzenschein wirft ein ruhiges gelbes Licht auf die Maserung der Marmorplatte und das Gesicht meiner Begleiterin und ihr Lachen. Als sie mich für einen Augenblick verläßt und ich ihr mit meinen Augen folge, streift mein Blick den Ecktisch.

Jetzt sitzt dort jemand. Ein junger Mann, in einem dunklen Anzug, der auch schon bessere Tage sah, dunkle Weste, darunter merkwürdigerweise ein Frackhemd, die obersten Knöpfe sind offen, so daß die Kragenecken wie Flügel vom Hals abstehen. Mit der einen Hand stützt er seinen Kopf auf, mit der anderen schreibt er auf Papierbögen vor sich. Er trägt eine kleine, runde, goldene Brille. Sie glänzt im Licht der Kerze. Ganz vorn auf der Nase. Große, leicht hervorquellende Augen. Langes, strähniges blondes Haar. Er wirkt ziemlich jämmerlich, irgendwie elend, wie er so über den Tisch gebeugt dasitzt und kritzelt. Aber er hat seinen eigenen Tisch. Und auch eine Flasche Rotwein fehlt nicht.

Was soll's. Meine Begleiterin ist zurück. Ich wende mich wieder ihr zu. Es wird spät. Wir beide sind die letzten. Wir bezahlen. Beim Hinausgehen komm ich an dem Ecktisch vorbei. Auch er ist leer. Nur die niedergebrannte Kerze und eine halbleere Flasche stehen noch darauf. Aber unter dem Tisch liegt eines der Blätter. Ich heb es auf. Es ist vergilbt, rauhes Papier. Und in steifer Süderlinschrift ist darauf ein Vierzeiler zu lesen. Vier Zeilen über Schmerz und Tod. Ich kenne sie. Ich las sie vor kurzem auf einem schwarzen, granitnen, wundervollen alten Grabstein. Die goldenen Buchstaben waren zur Hälfte abgebröckelt und die Sonne schien auf die Efeuranken. Lichtstrahlen fielen durch das dunkle Blätterdach der alten Bäume auf dem hinteren Teil des alten Friedhofes. Die Zeilen waren von dem Dichter F. K., der auch in jenem Grab lag und der zu seiner Zeit Aufsehen erregte, indem er sich an einem schwülen Augustabend des Jahres 1973 in aller Öffentlichkeit eine Kugel durchs Hirn jagte. Und langsam glaube ich zu verstehen, wo das alles geschehen ist.

DRACHEN

Schwarz heben sich die Türme gegen die Sonne ab. Ihre gotischen Spitzen ragen in den wolkenlosen und blauen Himmel. Golden glänzen die dornenbewehrten Knäufe. Denn eines Tages wird der Drachen vom Himmel stürzen, und die Dornen und Spitzen werden die schuppengepanzerten Lenden aufreißen und das Blut des Drachens wird die Türme herabrinnen und die Blutspritzer der sich windenden Kreatur werden über die Stadt verteilt wie die Tropfen eines roten Regens. Und die Menschen werden ihre Finger in die Flüssigkeit tauchen, daran riechen, kosten, sich letztlich damit die Gesichter bemalen. Natürlich kann es auch sein, daß das Gewicht des Drachens all die Türme und ihre Dornen und Zinnen zerdrückt, er weiter stürzt und die ganze Stadt unter seinem im Todeskampf zuckenden Körper begräbt. Und langsam wird er zu träumen beginnen und langsam versteinern, bis nur noch ein schwarzer Fels in der weiten Ebene bleibt. In den Felsspalten wachsen Birken und ihre Zweige wiegen sich leicht im Wind.

Das Ankommen wird sich anders vorgestellt. Vor sich die graue Masse, Menschen ohne Gesichter. Schweigen. Nur widerwillig bildet sich eine Gasse. Hin zum Markt. Ich zerre an dem Strick. Das Tier hinter mir sträubt sich. Nun vorwärts. Der Schaft der Lanze dient mir als Stütze, ich werfe mich mit ganzer Kraft nach vorn. Das Tier jault auf, ich drehe mich nicht um, ich weiß, nun folgt es. Fassungslos sehen mich die Menschen an. Sie starren. Noch immer kein Wort. Nur oben an den Fenstern zischelt und raunt es, um sofort zu verstimmen, wenn ich nach oben blicke. Mein Gott, sagt doch etwas. Ich habe die Mitte des Platzes erreicht. Vor mir der Brunnen. Ich höre das Plätschern des in das Becken spritzenden Wassers. Es ist heiß. Mittag. Noch steht die Sonne am gleißend blauen Himmel. Ich schaue mich um. Ich bin umringt von dem Volk. In ihren grauen Kleidern und mit ihren ausdruckslosen Augen bilden sie einen Kreis um mich und das Tier. Das liegt vor mir im Staub. Mit seinen breiten Nüstern wittert es an dem feuchten Faden eines Rinnsals, das vom Brunnen sich zu ihm hin durch den Sand zieht. Es kriecht darauf zu, seine Schuppen schaben über den Boden.
  „Ich bringe Euch den Drachen."
Immer noch Schweigen und Starre in der Menge.
  „Ich habe die Schöne befreit, Ihr braucht keine Furcht mehr zu haben."

Keine Antwort, nur das Plätschern des Wassers. Ich schaue auf. Die Brunnenfigur. In Stein steht dort die Schöne. Segensvoll hält sie die Hände mir entgegengestreckt. Aus ihren Fingern rinnt das Wasser, tropft plätschernd in das Becken. Ich werfe mich herum, starre mit offenem Mund die Menschen an.

„Es gibt keine Drachen."

Wer hat das gesagt. Ich wende wild meinen Kopf hin und her. Aber nur merkwürdig interessierte Gesichter, mir scheint, ein paar Leute beginnen zu lächeln.

„Seht doch selbst." Ich will mich dem Tier zuwenden, doch hinter mir ist nur der staubige Platz und der plätschernde Brunnen. In meinen Händen nur ein zerrissenes Seil. Alle Kraft zusammennehmend werfe ich mich auf die zunächststehende, stoß sie zur Seite, schlage um mich. Sie weichen zur Seite. Vor mir die leere, sonnendurchglühte Straße, ich renne.

TRAUMZEIT

Die Sonne stand rot über dem Fluß. Der Himmel war auch rot. Über dem Fluß Nebel. Wie eine Schicht Eis. Der Wald an dem Ufer war ein Urwald. Er lag schwarz gegen die Sonne den Flußlauf entlang. Und schwarze Äste und Wurzeln ragten in den Nebel, um in ihm irgendwo im Wasser zu verschwinden. In der Ferne war das Wummern der Trommeln zu hören. Es war Traumzeit.

*

Am Anfang war das Licht. Dunstig. Neblig. Orange und die rote Sonne am Horizont. Unten das Wasser, der Fluß – bedeckt mit Nebelschwaden. Sie zerflossen, flüchteten vor dem Hindurchgleiten. Das Wasser war schwarz. Es strömte sacht, gleichmäßig, ewig. Und plötzlich über dem Nebel die Bäume, erst als Masse, schwarz, die Ufermauer, undurchdringlich. Dann feiner, mit dem filigranen Astwerk, das Geschling der Pflanzen. Verwoben zur Vollkommenheit, einzeln und doch alles. Dann das Geschrei. Ein Erfüllen der Luft, Gekreisch der tausend Stimmen, Zirpen der millionen Kehlen – die Sinfonie. Und dann, mit dem Herzschlag klingend, das Schlagen der Trommeln. Es war die Traumzeit.

*

Nebel. Dichter, breiiger, milchweißer Nebel liegt über dem Wasser. Nur für einen Augenblick zerreißen ihn die Ruderblätter, wenn sie glucksend in die schwarzen Wellen tauchen und schwach zischend wieder heraus. Klamm. Alles ist feucht, auch die rauhe, dunkle Bootskante, die ich mit meiner rechten Hand umklammere. Warm, rauh und feucht. Die Luft ist zum Zerschneiden dick. Undurchdringlich. Eine weiße Wand aus Nebel, feuchten Schwaden, Wolken winziger Tropfen um mich. Keine Orientierung. Ein Dahintreiben. Jetzt löst sich ein Schatten heraus. Ein toter Baum. Ein Riese. Schwarz. Die Armstümpfe ins milchige Weiß gestreckt. Flechten hängen herab, verfilzte, verstrickte Klumpen in den Ästen. Ich tauche meine Hand ins Wasser. Kühle Ruhe. Und jetzt höre ich die Trommeln. Tamtatam, tamtatam. Dort drüben muß das Ufer sein. Die Wälder. Tamtatam, tamtatam. Vielleicht ist es auch nur mein eigner Herzschlag, den ich höre. Oder eine Einbildung meines Hirns, ich habe lange nichts mehr gehört. Ich bin so müde. Ich werde schlafen. Oder vielleicht schlafe ich auch schon. Ich bin mir nicht sicher. Die Barke gleitet weiter durch das Weiß. Es ist nur ein Traum. Alles was ist – ist Traum. Mein Leben, mein Tod. Und wieder tauchen die Ruder ein. Und am Ufer die Trommeln. Tamtatam, tamtatam. Ich schließe die Augen. Und warte, daß meine Welt wieder auftaucht.

LEBENSDATEN

geb. 09.12.1969 in Halle (Saale)

eingeschult 1976, Abitur an der EOS A.-H.-Francke in Halle 1988, danach Armeedienst

1990 Lehramtsstudium Deutsch/Geschichte in Leipzig, ab 1991 Studium der deutschen Literaturwissenschaft, Geschichte und Kunstgeschichte an der Martin-Luther-Universität Halle-Wittenberg

ab 1994 nebenberuflich tätig für die Allianz-Versicherungsgesellschaft

während des Studiums verschiedene graphische Arbeiten, u.a. für Werbung, öffentliche Institutionen, Landesbehörden, darunter 1997 eine Werbeaktion für die FDP-Fraktion in Halle und 1999 die Ausgestaltung eines Mathebuches für die zweite Klasse aus dem Cornelsen-Verlag zur Vorlage beim Kultusministerium

Veröffentlichungen von Cartoons: 1996 im Neuen Halleschen Tageblatt. Wochenblatt für die Saalestadt und das Umland, 1998/2000 Internetseite des MDR-Sputnik

Ausstellungen in Studentencafés Unikum (1996) und Kaffeeschuppen (posthum) in Halle

Magisterarbeit (März 2001) über E. T .A. Hoffmann und die Geselligkeit in Fiktion und Wirklichkeit

Dezember 2001: Wiederaufnahme der Arbeit an einer heiteren Geschichte der Stadt Halle an der Saale

im April 2002 Diagnose: Lungenkrebs

gest. 18.07.2002 in Halle (Saale)

Glück!

FLATSCH

Immerhin ist's kein Klavier gewesen!